Begleitet von guten Mächten

SEGENSWORTE

Einladung

Segen bedeutet: Ja sagen zum Leben, Zustimmung zur Welt. Für viele am schönsten ausgedrückt in den *irischen Segensworten*. Sie gehen zurück auf eine jahrhundertealte Überlieferung des keltischen Christentums in Schottland und Irland. Hier fällt ein Blick auf Erde und Himmel, auf Sonne und Wolken, Regen und Meer. Die ganze Schöpfung wird angerufen, dem Menschen ein günstiges Geschick zu bereiten:

> Möge dein Weg dir freundlich entgegenkommen,
> möge der Wind dir den Rücken stärken.
> Möge die Sonne dein Gesicht erhellen
> und der Regen um dich her die Felder tränken.

In der Bibel heißt es auf den ersten Seiten: »Gott sah an alles, was er gemacht hatte, und siehe, es war sehr gut.« Und in einer späten Schrift ist der mutige Satz zu lesen: »Alle Geschöpfe der Welt sind heilsam; es ist kein tödliches Gift darin, und das Reich des Todes herrscht nicht auf Erden.«

Wir machen allerdings gegenteilige Erfahrungen: Unser Leben ist zerbrechlich und schutzbedürftig. Deshalb heißt Segen für uns vor allem: Schutz und Geleit. Die Anwesenheit der Eltern reicht den Kleinen oft schon aus: »Ich bin ja da! Alles wird gut!« ist eine Ur-Erfahrung von Geborgenheit, in der unser Leben aufgehoben ist. Diese ursprüngliche Erfahrung, die Gesichter der Eltern zu erkennen und die Angst zu verlieren, steht als mächtiges Bild auch im Hintergrund des großen *biblischen Segens*:

> Der Herr segne dich und behüte dich!
> Der Herr lasse sein Angesicht
> leuchten über dir und sei dir gnädig!
> Der Herr hebe sein Angesicht über dich
> und gebe dir Frieden!

Wer um Segen bittet, wer anderen Segen zusagt, der meint es mit sich selbst und mit anderen gut. Das können wir nicht erzwingen. Wer solches Wohlwollen vom Leben und von anderen Menschen erfährt, erfährt es als Geschenk. Und spürt vielleicht: Hinter dem Ja, das wir zu uns selbst und zueinander sprechen, steht Einer, der größer ist als wir und der es gut mit uns meint. Wir brauchen dieses Ja für unser Leben.

Von diesem Ja zu unserem Leben und unserem Glück ist in den Segensworten dieses Buches die Rede: Sie reichen von den Segenswünschen der *irisch-keltischen Überlieferung* bis zu den *Segensgedanken und -geschichten heutiger Autorinnen und Autoren*. Sie sind zusammengestellt im Bogen des Lebens: gute Segensgedanken für den Anfang des Lebens, für Kindheit und Jugend, die Mitte und die Ernte des

Lebens bis hin zu den späten Tagen. Am Schluss des Buches finden Sie Segensworte für Beginn und Abschluss jedes Tages.

Vielleicht regt Sie dieser Band an, hin und wieder ein Segenswort zu sprechen oder es einem anderen Menschen bei passender Gelegenheit zu schreiben oder es ihm zuzusprechen. Vor allem aber sind die Worte und Wünsche dieses Buches eine Einladung, die Grundvoraussetzung jedes Glücks zu erfüllen: mit Wohlwollen auf das eigene Leben zu schauen!

Ulrich Sander

Inhaltsverzeichnis

Jeder Mensch ist
ein Segen

Jeder Mensch ist gesegnet! Das Erste, womit die Menschen in der Schöpfungserzählung der Bibel ausgerüstet werden, ist Segen: »Gott segnete die Menschen, Mann und Frau.« Die biblische Bedeutung des Segens meint ursprünglich: jemanden mit Kraft ausrüsten, mit der Fähigkeit, heilsam und wohltuend wirksam zu sein. Dann heißt Segen einfach: zum Leben freigesetzt zu werden. Etwas empfangen, das man sich nicht selbst erarbeitet hat, sondern das die Quelle von allem Handeln und aller Lebendigkeit ist. Gesegnet sein bedeutet: aus dieser schöpferischen Kraft leben und sie zum Strahlen und Leuchten bringen.

Und was ist es, das diese kreative Kraft und Lebendigkeit in uns freisetzt? Hier hilft das lateinische Wort für Segnen weiter, es heißt übersetzt einfach: über jemanden etwas Gutes *(bene)* sagen *(dicere)*. Es gibt Menschen, die haben als Kinder viel zu wenig gute Worte über sich gehört. Sie mussten mit Sätzen leben wie: »So wirst du es nie zu etwas bringen!«, »Du wirst schon sehen, wo das hinführt!«, »Du bringst uns noch ins Grab!« Solche Sätze sind das Gegenteil von Segen, sie sind ein Fluch. Wenn Menschen zeit ihres Lebens unter solchen Fluch-Sätzen stehen, leben sie mit einem tiefsitzenden Grundgefühl, dass sie nie gut genug, nie würdig genug, nie wichtig genug sind. Solche Flüche lähmen die schöpferische Lebenskraft, die in der Tiefe jeder Seele wohnt.

Jemandem dagegen Gutes zuzusagen, gut über ihn oder sie zu sprechen, setzt unsere Lebendigkeit frei. Segensworte zu hören, von anderen Menschen oder sich selbst zugesprochen, kann helfen, sich aus einer krank machenden Verflechtung mit vergangenen oder gegenwärtigen Menschen zu lösen, die uns verletzen und schaden. Segensworte führen uns in einen inneren Schutzraum unserer Seele, wo wir geborgen und heil sind und in dem uns die dunklen und zerstörerischen Einflüsse nicht treffen können. Anselm Grün nennt diesen inneren Raum den »ursprünglichen Ort, den Raum, der uns an den eigenen Ursprung führt«.

Wie immer belastet unsere Familiengeschichte sein mag: Jeder Mensch ist nicht einfach ein »Produkt« seiner Eltern oder eine Laune des Zufalls. Die ursprüngliche Wahrheit, tiefer als alle Verletzungen, heißt: Jeder Mensch ist ein Segen!

SEGEN ÜBER JEDE SEELE

So überreich
wie das Gras, das wächst,
wie der Sand am Meeresstrand,
wie der Tau auf den Blättern,
so sei der Segen des Königs der Gnade
auf jeder Seele,
die ist, die war
oder die kommen wird.

Irischer Segenswunsch

Möge Gott vor dir hergehen,
    um dir den rechten Weg zu zeigen.
Möge Gott neben dir sein,
    um dich in die Arme zu schließen
    um dich zu schützen gegen Gefahren
    von links und von rechts.
Möge Gott hinter dir sein,
    um dich vor dem Hinterhalt böser Menschen
    zu bewahren.
Möge Gott unter dir sein,
    um dich aufzufangen, wenn du fällst,
    und dich aus der Schlinge zu ziehen,
    wenn Gefahr droht.
Möge Gott in dir sein, um dich zu trösten,
    wenn du traurig bist.
Möge Gott um dich sein, um dich zu verteidigen,
    wenn andere über dich herfallen.
Möge Gott über dir sein, um dich zu schützen.

Möge Gottes Macht dich aufrechterhalten.
Möge Gottes Auge auf dich schauen.
Möge Gottes Ohr dich stets hören.
Möge Gottes Wort immer für dich sprechen.
Möge Gottes Hand auf dir ruhen.

Aus Irland

SEGNEN HEISST,

die Hand auf etwas legen und sagen:
du gehörst trotz allem Gott.
So tun wir es mit der Welt,
die uns solches Leid zufügt.
Wir verlassen sie nicht,
wir verwerfen, verachten, verdammen sie nicht,
sondern wir rufen sie zu Gott.
Wir geben ihr Hoffnung,
wir legen die Hand auf sie und sagen:
Gottes Segen komme über dich.
Wir haben Gottes Segen empfangen
im Glück und im Leiden.
Wer aber selbst gesegnet wurde,
der kann nicht mehr anders,
als diesen Segen weitergeben,
ja, er muss dort, wo er ist,
ein Segen sein.
Nur aus dem Unmöglichen
kann die Welt erneuert werden.
Dieses Unmögliche
ist der Segen Gottes.

Dietrich Bonhoeffer

Segen ist ein Geschehen, nahe verwandt dem, was wir »Gnade« nennen. Denn man kann Segen nicht machen, man kann ihn nur empfangen und vielleicht auch weitergeben. Aber er entzieht sich aller Planung. Er kommt oder er kommt nicht, wie der Regen über ein Feld kommt oder nicht kommt.

Ob ein Mensch dem begegnet, den er lieben kann, das kann er nicht machen. Es ist Gnade. Und sein Leben wird gesegnet. Alles Begegnen ist Gnade, alles Finden und Zusammenbleiben, alle Bewahrung vor Gefahr und Unheil, aller Friede ist Gnade.

Ob ein Mensch zu seiner eigenen, eigentlichen Gestalt heranreifen darf, das kann er nicht machen, er darf es aber, wenn es ihm widerfährt, dankbar empfangen. Ob sein Werk gelingt, ob er bewahrt bleibt vor schwerer Verschuldung, das ist Gnade.

Und es ist Gnade, wenn die Kräfte des Wachstums, der Lebendigkeit, der schöpferischen Vitalität erwachen. Es ist Zeichen eines Segens, der sozusagen von oben kommt und nicht gewollt und nicht gemacht werden kann.

Und Gnade ist es, wenn Menschen einander solchen Segen weiterreichen dürfen.

Jörg Zink

»Und Jakob stand auf in der Nacht ...«
Bibel, Genesis 32, 23

Da zieht einer nach Jahren in Richtung seiner früheren Heimat, um den Bruder wiederzusehen, den er schmählich um das Erbe betrogen hat. Er hat mächtige Angst. Solch eine Angst, dass er Begleiter, Hab und Gut an verschiedenen Orten unterbringt, für den Fall, dass sein Bruder mit einer Armee auf ihn zumarschiert und ihn angreift. Unruhig steht er in der Nacht noch einmal auf, bringt seine Familie über die Grenze und bleibt allein zurück. Und da geschieht es. Ein Engel taucht auf und kämpft mit ihm »bis die Morgenröte anbricht«.

Die Geschichte von Jakobs Kampf mit dem Engel, wie sie in der Bibel erzählt wird, scheint mehrfach unlogisch. Warum sucht Jakob die Einsamkeit, wenn er solche Angst hat? Warum findet der Kampf in der Nacht statt? Warum ringen sie so zäh und lange miteinander? Warum siegt der Engel nicht, obwohl er viel stärker ist als Jakob? Begegnen sich hier etwa Engel und Mensch auf Augenhöhe? Geht der Engel tatsächlich das Risiko einer Niederlage ein? Warum verrenkt er Jakob die Hüfte, sodass dieser danach behindert ist? Warum ist Jakob nicht froh, als der Engel gehen will, sondern hält diesen stattdessen auch noch fest und ruft ihm diesen merkwürdigen Satz zu: »Ich lasse dich nicht, du segnest mich denn?« Und was soll man von der Antwort des Engels halten: »Du sollst nicht mehr Jakob heißen, denn du hast mit Gott und mit Menschen gekämpft und hast gewonnen.«? [...]

Nur wer selbst schon einmal so gerungen hat, weiß: Wenn wir unseren schlimmsten Ängsten ins Gesicht sehen, etwas tun wollen oder müssen, wogegen wir uns heftig sträuben, dann ringen wir mit Gewaltigem. Lange. Und oft nachts. Es ist ein einsames Ringen. Es geht um Identität. Wir häuten uns. Um neue Erfahrungen zu machen, müssen wir etwas von uns selbst loslassen.

Jakob muss in diesem Kampf seinen Namen und seine Unversehrtheit hergeben. Er wird jemand anderes, deshalb gibt der Engel ihm einen neuen Namen. Wer sich seinen Urängsten stellt, ist danach nicht mehr derselbe. [...]

Der Engel segnet ihn wirklich. Und obwohl Jakob von ihm »geschlagen« wurde, lesen wir am Ende der Geschichte, dass er nach der Begegnung froh und zuversichtlich seinem Bruder Esau entgegenzieht und ihm auf diesem Weg »die Sonne aufging«.

Eine harte Geschichte. Eine menschliche Geschichte. Mir zeigt sie, dass Angst dazugehört, wenn ich mich entwickeln will. Dass es im Leben immer wieder darauf ankommt, sich Konflikten zu stellen. Ihnen nicht auszuweichen, so schmerzhaft sie auch sein mögen. Denn ohne dieses Ringen, außen wie innen, wachsen wir nicht. Und sie zeigt mir, dass es bei diesem Wachsen wohl weniger um Unversehrtheit geht als um Segen. Heute ist es eine Geschichte geworden, die mich in Nächten des Ringens tröstet.

Doris Bewernitz

DU

du
gott des lebens
unsres lebens
und allen lebens
auf dieser erde

segne uns
mit dem vertrauen
dass du uns
begleitest
auf unserm weg

im durst
zur quelle

im dunkel
zum licht

im tod
zum leben

amen

Katja Süß

DER HERR SEGNE DICH

Der Herr segne deine Tage mit Farben
deine Nächte mit Sternen
deine Wege mit Bäumen
deine Pausen mit einer Hängematte
deinen Schlaf mit einem Lächeln
dein Wachsein mit Liedern
deine Worte mit Liebe
dein Schweigen mit Licht

Carola Vahldiek

DER MENSCH

Die Seele ist wie ein Wind,
der über die Kräuter weht;
wie der Tau, der auf die Wiesen träufelt,
wie die Regenluft, die wachsen macht.
Desgleichen ströme der Mensch ein Wohlwollen aus
auf alle, die da Sehnsucht tragen.
Ein Wind sei er, der den Elenden hilft,
ein Tau, der die Verlassenen tröstet.
Er sei wie die Regenluft, die die Ermatteten aufrichtet
und sie mit Liebe erfüllt wie Hungernde.

Nach Hildegard von Bingen

SO SEI DER HERR

Lieber Herr, sei du
eine helle Flamme vor mir,
ein Stern, der mich leitet, über mir,
ein ebener Pfad unter mir,
ein fürsorglicher Hirte hinter mir,
heute und für alle Zeiten.

Columban von Iona

HUNDERTMAL

Gott segne dich
mit Liebe, Mut und Humor –
dass du deiner Angst
fest in die Augen siehst,
dass du Menschen, die anders sind,
liebevoll begegnest,
dass du deinen Ärger
in einen bunten Blumenstrauß verwandelst,
dass du deiner Bequemlichkeit
mit einem Lächeln Beine machst,
dass du deine Selbstzweifel
winkend aus dem Fenster wirfst
und dass du dich bei schlechter Laune
einfach hundertmal im Kreise drehst.

Rainer Haak

DER SEGEN DER ENGEL

Möge dein Herz leicht werden
und du machtvoll geschützt sein
unter bergenden Flügeln

Mögen es Engel sein
die dich jeden Morgen über die Schwelle
des Lebens in einen neuen Tag tragen

Mögen die Boten des Himmels
unter dir neben dir und um dich sein
um dich zu stärken

Sei umarmt
vom Segen der Engel

Cornelia Elke Schray

ZUM SEGEN WERDEN

Segen strahlt aus,
so dass du selbst zum Segen wirst
für die Welt und für deine Mitmenschen,
für die Unbekannten und die,
mit denen du nicht so gut auskommst,
und für alle, die dir so am Herzen liegen!

Fabian Brand

GÖTTLICHER SEGEN

Mögest du den göttlichen Segen spüren
in jedem Windhauch,
der dich sacht umweht,
und in jedem Sturm,
der dir das Haar zerzaust.

Mögest du den göttlichen Segen spüren
in jedem Sonnenstrahl,
der dich umwärmt,
und in jedem Regentropfen,
der deine Haut benetzt.

Mögest du den göttlichen Segen spüren
bei jedem Bissen,
der dir schmeckt,
und bei jedem Tropfen,
der durch deine Kehle rinnt.

Mögest du den göttlichen Segen spüren
in den Klängen traumhafter Musik
und bei jedem Tanzschritt
der sich durch deinen Körper wiegt.

Christa Spilling-Nöker

SEGNE

Möge Gott die Erde segnen, auf der ich jetzt stehe.
Möge Gott den Weg segnen, auf dem ich jetzt gehe.
Möge Gott das Ziel segnen, für das ich jetzt lebe.

Du ewiger Gott, du von alters her.
Segne mich, auch wenn ich die Hände
in den Schoß lege.

Möge Gott segnen, was mein Wille ist.
Möge Gott segnen, was meine Liebe tut.
Möge Gott segnen, worauf meine Hoffnung baut.

Du König der Könige, segne, der ich bin.

Aus Irland

MÖGE GOTT VOR DIR HEREILEN

Möge Gott auf dem Weg,
den du gehst,
vor dir hereilen –
das ist mein Wusch für dich
und deine Lebensreise.
Mögest du die hellen Fußstapfen
des Glücks finden
und ihnen mit deinem Schritte folgen.

Aus Irland

Der Segen des
Anfangs

Von dem indischen Weisheitslehrer *Anthony de Mello* stammt die Frage: »Habe ich je das Lied gehört, das die Engel sangen, als ich geboren wurde?« Damit überträgt er die Weihnachtsgeschichte vom Gesang der Engelchöre angesichts des neugeborenen Kindes von Betlehem auf jeden Menschen. Mit jedem Menschen, mit jedem neuen Leben kommt ein Segenslied in die Welt! Ob bei der Aussaat und beim Pflanzen im Garten, bei Nachwuchs in der Tierwelt oder eben, wenn ein Menschenleben beginnt: Der Anfang jedes Lebens versetzt in Staunen, denn er offenbart immer von Neuem die schöpferische Lebenskraft, die am Grunde unserer Welt verborgen wirksam ist. Ja, auch in der Erfahrung von etwas unerwartet Gutem, bei einem neuen Gedanken, einer zündenden Idee, in der ersten Zeit einer Freundschaft – überall, wo etwas Wertvolles beginnt, ist Segen spürbar, wie *Hermann Hesse* in seinem Gedicht »Stufen« schreibt: »Jedem Anfang wohnt ein Zauber inne, der uns beschützt und der uns hilft zu leben.«

Sich einem neuen Anfang zu öffnen geht oft einher mit Schmerzen. Bis heute ist Mutter zu werden mit den Beschwerden der Schwangerschaft und den Geburtswehen verbunden. So wie die Geburt des neuen Erdenbürgers für die Mutter mit Schmerzen verknüpft ist, so scheinen auf ähnliche Weise auch andere schöpferische Prozesse und Neuanfänge im Leben zumindest mit psychischer Arbeit, mit den Schmerzen des Abschiednehmens, mit der Anstrengung, die alles Neue fordert, verbunden zu sein. Jeder Anfang hat also nicht nur einen besonderen Zauber, sondern auch einen Preis, den es kostet, damit das Leben weitergeht und die Zukunft sich öffnet.

In der Bibel heißt es: »Eine Frau, wenn sie gebiert, so hat sie Traurigkeit; denn ihre Stunde ist gekommen. Wenn sie aber das Kind geboren hat, denkt sie nicht mehr an die Angst um der Freude willen, dass ein Mensch zur Welt geboren ist.« Der Segen des Anfangs ist die Freude, dass das Leben – trotz aller Beschwernisse – sich unaufhörlich erneuert und das Lied der Hoffnung, trotz allem, niemals verstummt.

KELTISCHER GEBURTSSEGEN

Ein Tröpfchen vom Vater
Auf deine kleine Stirn, mein Liebling.

Ein Tröpfchen vom Sohn
Auf deine kleine Stirn, mein Liebling.

Ein Tröpfchen vom Geist
Auf deine kleine Stirn, mein Liebling.

Dich zu beschützen
Dich zu bewahren
Dir zu helfen
Dich zu behüten
Dich zu beschirmen
Dich zu umhüllen
Dich zu retten
Dich mit Gnade zu erfüllen
Dich mit Gnade zu umspülen

Nach einem alten keltischen Geburtssegen

ZUR GEBURT EINES KINDES

Sei willkommen
kleines Menschenkind
erfülle uns mit der Hoffnung
dass uns allen eine Zukunft verheißen ist

Sei angenommen vor aller Leistung
erinnere uns, wie wir alle
An-sehen, Verwandlung
Verwurzelung brauchen
um mit allen Sinnen
mit Leib und Seele
mehr Mensch werden zu können

Sei anerkannt
in deinem Lebensschrei
deiner Verletzlichkeit
hole uns hinein ins richtige Lot
lass uns durch dich erkennen
wie wir getragen
gut aufgehoben
gesegnet sind

Pierre Stutz

SEGEN ÜBER EIN NEUGEBORENES KIND

Ich taufe deine Stirn
mit heiligem Wasser,
mit drei Tropfen netze ich sie
im Namen des dreieinigen Gottes.

Die Kraft des Windes sei mit dir,
die Kraft des Mondes,
die Kraft der Sonne.

Die Güte des Meeres,
die Güte der Erde,
die Güte des Himmels.

Die Liebe der Menschen umgebe dich,
ihre Freundlichkeit,
und nie ein Streit.

Mögest du einst ruhen
wie in weichen Kissen,
in den Händen deines Erlösers.

Aus Irland

VON EINEM ENGEL BEHÜTET

Du schläfst
im Melissengarten
unter dem Apfelbaum
mein süßes
neugeborenes Kind.

An deiner Seite
ein wachender Engel,
der im Lufthauch
deine Lider kost.

Was für ein
wunderbarer Gott
hat dich
mir geschenkt!

Lilly Ronchetti

WUNSCH ZUR GEBURT

in die Wiege gelegt
ein Stern
begleiten möge er dich
nicht immer
aber immer
wenn es dunkel wird in dir
ein Lied dazu
das dir im Ohr klingt
wenn die Trauer
dich verzehrt
und eine Liebe
die nicht aufhört
hier nicht
und erst recht
nicht dort

Eva-Maria Leiber

WÜNSCHE FÜR EIN KIND

Wie schön, dass du geboren bist!

Ich schenke dir
einen Korb mit vielen Wünschen,
du wunderbares Kind:

dass deine Füße
fröhlich hüpfen lernen
und den Weg zum anderen finden

dass deine Hände
begeistert klatschen lernen
und zum Frieden die Hand reichen

dass deine Augen
Schönheit sehen lernen
und nicht vorbeischauen am Leid

dass deine Ohren
Vogellieder hören lernen
und auch Ungesagtes verstehen

dass deine Lippen
eine starke Sprache lernen
und nur wahre Worte sagen

dass dein Herz
seine tiefe Weisheit behält
und Platz hat für die ganze Welt

dass deine Seele singen lernt
von der Fülle des Lebens
und sich verbindet mit allem, das ist.

Maria Sassin

EINEM NEUEN MENSCHEN

Sei gesegnet
du winziges Kind,
noch bedeckt dich
nur der Sternenstaub der Engel,
keine Erdennot bindet dich,
noch bist du geborgen
im Atem der Ewigkeit.

Sei gesegnet,
du winziges Kind,
neugeboren
uns zur Freude aller Freuden,
zum Glück vom größten Glück,
geliebt mit der Liebe des Himmels.

Wachse an unserer Hand, lerne zu fliegen,
werde, wie Gott dich gemeint hat.

Cornelia Elke Schray

TAUFSEGEN

Gott segne dich, mein Kind:
möge das Wasser, das du trinkst,
frei sein von Gift;
möge die Straße, die du gehst,
gesperrt sein für Raser;
möge die Schule, die du besuchst,
offen sein für deine Träume;
möge die Familie, die du gründest,
stark sein gegen Überforderung;
möge der Tod, den du stirbst,
frei sein von Gewalt;
mögest du nie tiefer fallen
als in Gottes Hand.
Gott segne dich, mein Kind!

Hanna Strack

ZUR TAUFE

Gottes Zuwendung sei dir geschenkt
im Rufen deines Namens
Gottes Verheißung sei dir nahe
im Aufbruch für eine kinderfreundliche Welt
Gottes Gerechtigkeit sei dir vertraut
im Ansprechen aller Namenlosen
Gottes Hoffnung sei dir zugewandt
im Teilen von Brot und Wein
Gottes Segen sei dir zugesagt
im Vertrauen in dein Leben.

Pierre Stutz

DEIN WEG

Mögest du, Kind,
deinen Weg gehen,
den einzigartigen,
noch ungegangenen,
den kein anderer gehen kann.
Jeder deiner Schritte
ist in Liebe gesegnet.

Maria Sassin

In alten Zeiten wurde das Wort vom »Kindersegen« sehr direkt und zahlenmäßig verstanden. Unfruchtbare und Kinderlose galten als vom Schicksal bestraft, denn die Zahl der Kinder bestimmte über das Auskommen in Alter und Krankheit. Kinder waren ja nicht nur zusätzliche »Esser«, sondern hatten schon in frühen Jahren ihren Teil zum Unterhalt der Familie beizutragen. In modernen Zeiten ist die Familie nicht mehr in diesem unmittelbaren Sinn eine Wirtschaftsgemeinschaft, und die Risiken von Krankheit und Alter werden durch Gemeinschaftsleistungen von Staat und Versicherungen aufgefangen. Dennoch bleibt wahr: Kinder sind ein Segen.

Nicht nur aus dem Grund, weil auch unser modernes Renten- und Versicherungssystem auf Dauer nicht funktioniert, wenn die Alterspyramide einer Gesellschaft mehr Alte als Einzahler beschert, sondern auch, weil für uns Erwachsene die existenzielle Erfahrung des Segens ganz unmittelbar mit Kindern verknüpft ist. Denn das Erste, womit uns Kinder begegnen, ist ihre Bedürftigkeit und Schwäche, und genau diese Bedürftigkeit, wenn wir sie annehmen und hüten, ist für uns der bleibende Ort des Segens!

Mensch zu sein bedeutet, sich selbst und andere so anzunehmen und zu lieben, wie sie sind, miteinander verbunden, ein jeder mit seiner Stärke, aber auch mit seiner Schwäche und Bedürftigkeit. Kinder können im Menschen das Kostbarste, seine unglaublichen Kräfte der Liebe wecken, indem sie zum Teil des eigenen Lebens werden. Wo ein Kind so dazugehört und da sein darf, kann es entdecken, wer es selbst ist und werden kann. So öffnet ein Kind die Seelen der Menschen, die es umgeben, für eine Schule der Liebe, in der Menschen lernen, dieses kleine Geschöpf zu umsorgen und zu achten, es so wert und wichtig zu nehmen wie eine ganze Welt. *Jean Vanier* schreibt: »Die Empfängnis und Geburt eines Kindes bedeutet ein neues Erwachen des Herzens.« Ja, Kinder sind ein Segen, denn sie setzen Segen frei!

Daher ist es eine schöne Geste, wenn Eltern ihr Kind segnen! Aber es ist auch eine schöne Erfahrung, sich von Kindern segnen zu lassen! Der Frankfurter Theologe *Medard Kehl* erzählt vom fünfjährigen Sprössling einer befreundeten Familie. Nach einem für den Kleinen wohl ganz eindrücklichen Gottesdienstbesuch holte er Wasser aus dem Badezimmer und, als der Postbote kam, stellte er sich an das offene Fenster: »Ich segne die Straße, ich segne das Feld, ich segne den Briefträger, ich segne die Welt.«

DER SEGEN DER NEUN KRÄFTE

Mein Kind,
dein sei die Kraft der großen Flüsse.
Dein sei die Kraft des weiten Ozeans.
Dein sei die Kraft der tiefen Quellen.
Dein sei die Kraft des sanften Regens.
Dein sei die Kraft des glühenden Feuers.
Dein sei die Kraft des leuchtenden Blitzstrahls.
Dein sei die Kraft der harten Felsen.
Dein sei die Kraft der fruchtbaren Erde.
Dein sei die Kraft der höchsten Liebe.

Nach einem alten irischen Segensspruch

GOTT, SEGNE DIESES KIND

Gott, segne dieses Kind,
behüte dieses junge Leben
und segne uns,
dass wir ihm das,
was es an Liebe braucht,
behutsam und verlässlich geben,
damit es in Frieden wachsen kann
und sich frei entfaltet
und durch das Gute,
das es durch uns erfährt,
sein Leben später selbst
segensreich gestaltet.

Christa Spilling-Nöker

NOCH EHE

Noch ehe deine Füße
eigne Schritte tun,
weiß Gott den Weg für dich
und führt dich deine Pfade.

Noch ehe deine Lippen
die ersten Worte sprechen,
ist Sein Wort über dir,
sagt: Du bist Mein.

Noch ehe das Leben dich
fordernd empfängt,
weiß Er sich gefordert,
deine Hilfe zu sein.

Noch ehe du antworten kannst,
umhüllt dich Sein Segen.
Er bleibe bei dir.

Sein Friede geleite dich,
Seine Güte erfreue dich,
Seine Kraft stärke dich,
Seine Gnade erhalte dich,
Seine Treue bewahre dich,
Sein Segen weiche nicht von dir!

Wilma Klevinghaus

DIE GELBE FAHNE

Heute fand ich auf dem Verschlag über der Küche die goldgelbe Fahne wieder. Eine alte Geschichte liegt in meiner Hand, meine Gedanken gehen zurück zu einem Strandtag vor vielen Jahren. Er hatte wohl die Richtung verloren an dem hochsommerlichen Strand, proppenvoll mit Menschen. Der Fünfjährige war verschwunden.

Wir suchten und unsere Ängste suchten mit. Der Knirps konnte noch nicht schwimmen und unsere Fantasie schlug atemlos Purzelbäume. Wie viele weißblonde Kinder mit roter Badehose gab es auf einmal! Die Strandpolizei wurde benachrichtigt und fuhr mit dem Jeep langsam an den sonnenbadenden Menschen entlang. Der Strand leerte sich allmählich, wir suchten immer noch, unser Suchen wurde hektischer. Endlich der Strandjeep mit den Gesichtern uns zugewandt.

Eins davon gehörte einem kleinen Jungen mit weißblonden Haaren, das Gesicht starr vor Anstrengung, die Fassung zu bewahren und die Tränen zu schlucken.

Der Schreck hatte uns stumm gemacht. Die Angst saß uns noch im Nacken, als wir ins Auto stiegen.

Zu Hause beschloss Oma eine Fahne zu nähen, einen Wimpel gegen das Verlorengehen. Sie nähte ihre Beschwörungen hinein. Viele Jahre hat es geholfen, er hat immer wieder zurückgefunden. Ich werde die Fahne beiseite legen. Er braucht sie nun nicht mehr.

Gundela Leenen

GESEGNETES KIND

Möge diesem Kind
auf allen Wegen seines Lebens
ein Engel zur Seite stehen,
um es zu behüten
und vor Gewalt,
und jeglichen Verkrümmungen
seiner Seele zu bewahren.

Möge es aufwachsen
in vertrauensvoller Wärme.
Mögen ihm Menschen entgegenkommen,
die den Impulsen seines Herzens
mit Verständnis begegnen
und seine Schritte auf den Weg
des Friedens lenken.

Christa Spilling-Nöker

SEGEN UNSERER KINDER

Gott gebe dir
für jeden Sturm einen Regenbogen,
für jede Träne ein Lachen,
für jede Sorge eine Aussicht
und eine Hilfe in jeder Schwierigkeit.
Für jedes Problem, das das Leben schickt,
einen Freund, es zu teilen,
für jeden Seufzer ein schönes Lied
und eine Antwort auf jedes Gebet.

Irisches Segensgebet

KINDERSEGEN 1

alles sollst du sagen können
alles sollst du fragen können
lernen spielen tanzen singen
lachen malen Kästchen springen
sollst in Menschenaugen sehen
die dich lieben warm und sicher
sollst an Händen die dich halten
deine ersten Schritte gehen
alles soll lebendig werden
was an Gaben in dir schlummert
sollst am Abend satt und müde
geborgen sein im Ruhedunkel
schlafen träumen Pläne schmieden
dich freuen auf den neuen Tag

Carola Moosbach

GOTT MÖGE DICH TRAGEN

Möge Gott jeden deiner Schritte
sicher machen,
möge Gott dir jeden Durchgang öffnen,
möge Gott jede deiner Straßen erhellen,
und möge ER dich
in den Schalen seiner eigenen
zwei Hände tragen.

Aus Irland

BITTE, EIN KIND ZU SEGNEN

Berühre es mit deinem Atem!
Berühre es mit deinem Atem!
Du allein schenkst ihm das Leben.
Schenke ihm ein langes Leben –
darum bitten wir dich, Vater!

Gebet der Pawnee

SEGEN ÜBER EIN KIND

Segne dieses Kind und hilf uns, ihm zu helfen,
dass es sehen lernt mit seinen eigenen Augen
das Gesicht seiner Mutter
und die Farben der Blumen
und den Schnee auf den Bergen
und das Land der Verheißung.

Segne dieses Kind und hilf uns, ihm zu helfen,
dass es hören lernt mit seinen eigenen Ohren
auf den Klang seines Namens,
auf die Wahrheit der Weisen,
auf die Sprache der Liebe
und das Wort der Verheißung.

Segne dieses Kind und hilf uns, ihm zu helfen,
dass es greifen lernt mit seinen eignen Händen
nach der Hand seiner Freunde,
nach Maschinen und Plänen,
nach dem Brot und den Trauben
nach dem Land der Verheißung.

Segne dieses Kind und hilf uns, ihm zu helfen,
dass es reden lernt mit seinen eignen Lippen
von den Freuden und Sorgen,
von den Fragen der Menschen,
von den Wundern des Lebens
und dem Wort der Verheißung.

Segne dieses Kind und hilf uns, ihm zu helfen,
dass es gehen lernt auf seinen eignen Füßen
auf den Straßen der Erde,
auf den mühsamen Treppen,
auf den Wegen des Friedens
in das Land der Verheißung.

Segne dieses Kind und hilf uns, ihm zu helfen,
dass es lieben lernt mit seinem ganzen Herzen.

Lothar Zenetti

Segen für den Lebensweg

In dem bekannten Text einer schwedischen Mutter »An die Engel meiner erwachsenen Kinder« heißt es: »Die Jugend ist die schwerste Zeit. Alles muss eigenhändig geregelt werden, man muss sich freikämpfen, alles selbst durchdenken und von den Engeln will man nichts wissen. O ihr Engel meiner erwachsenen Kinder! Eine Mutter darf nicht länger eingreifen – aber ihr dürft. Eine Mutter darf nicht länger Rat geben, aber eure Weisheit kommt von Gott.«

Die Jugend gilt als Zeit des Aufbruchs und der Suche – nach der eigenen Identität, dem Erleben von Freundschaft und Miteinander, nach Idealen, die einem voranleuchten sollen, nach den eigenen Begabungen und Grenzen, die es auszuprobieren und – auch schmerzhaft – zu erkennen gilt, nicht immer ohne Konflikte mit der Welt der Erwachsenen.

Konflikte wollen gelernt sein, ausgehalten und eingeübt werden. Ich erinnere mich, dass meine Eltern durchaus heftig streiten konnten. Beide hatten – zumindest für kindliche Ohren – sehr, sehr laute Stimmen! Meine Mutter erzählte mir aber einmal, dass beide, sie und mein Vater, einen festen Vorsatz hatten: sich in der Zeit zwischen dem Gute-Nacht-Segen für die Kinder und dem Zu-Bett-Gehen soweit zu versöhnen, dass sie an keinem Tag mit zornigen Gefühlen aufeinander einschlafen mussten.

Der Segen für den Lebensweg ist ein Segen zum Aufbruch, des Abschieds von der Kinderzeit, des Loslassens und Gehen-Lassens. Für beide Seiten nicht leicht. Allemal nicht für Eltern, die erfahren, dass ihre Sorge bleibt, auch wenn ihr Schutz nicht mehr greift. Eine Einübung ins Vertrauen, dass die Gaben der jungen Menschen, bei deren Entfaltung man hilfreich sein konnte, genügend Proviant fürs Leben sein werden. Eine Einübung auch in das Vertrauen, dass das herangewachsene Kind zwar ohne elterliche Aufsicht, aber nicht ohne gütigen Blick von oben ins Leben unterwegs ist. So wie es die schwedische Mutter in ihrer Bitte an die Engel ausspricht: »Seid ihr immer noch bei ihnen und habt ihre Wünsche in euren Händen!«

Ich wünsche dir einen heiteren Himmel
über allem, was du gern tust,
über den Dingen, die du liebst.
Gottes Segen umgebe dich ganz.
Sein Licht aus der Höhe erleuchte dich,
und tiefe Zufriedenheit fülle dich aus
– heute und an jedem Tag, der vorübergeht.

Aus Irland

SEGEN

Im Geflecht der Pflichten
in den Ritzen des Mauerwerks
lass wachsen
Gott des Lebens
Un-Sinn und Über-Mut
und immer wieder die Kraft,
mit dir Mauern zu überspringen.

Brigitte Enzner-Probst

ERINNERUNG

Nimm dir vor, die Freunde zu vergessen,
die sich als untreu erwiesen haben.
Aber vergiss niemals,
dich der Freunde
zu erinnern,
die zu dir gehalten haben.

Nimm dir vor, die Dinge zu vergessen,
die dich traurig gemacht haben.
Aber vergiss niemals die Dinge,
die dich glücklich gemacht haben.

Nimm dir vor, die Sorgen zu vergessen,
die du gehabt hast.
Aber vergiss niemals,
dich der Segenswünsche
zu erinnern,
die du jeden Tag erhältst.

Aus Irland

DER HERR SEGNE DICH

Der Herr segne dich;
er mache dich frei
von allen inneren und äußeren Zwängen,
von allem »du musst«, »du sollst«,
von all den Erwartungshaltungen anderer:
»man tut«, »es wäre gut, wenn ...«

Er gebe dir Mut und Kraft,
deinen eigenen Weg zu gehen,
den für dich bestimmten Weg
zu suchen und zu finden.

Er behüte dich –
und schütze dich vor allem Unheil.
Nie sollst du dich verlassen fühlen
und widrigen Umständen hilflos ausgesetzt sein.
Er stelle dir jederzeit einen guten Menschen zur Seite.

Er lasse sein Antlitz über dir leuchten,
sei dir gnädig
und schenke dir reichlich sein Erbarmen.
Er schenke dir offene Augen und Ohren,
auf dass du allezeit seine Taten und Wunder erkennst
in den unscheinbaren Dingen des Alltags.

Er schenke dir Frieden und Heil.
Lob und Tadel anderer sollen dich
weder beirren noch verwirren.
Er schenke dir innere Sicherheit und Zuversicht.
Ablehnung soll dich nicht erschrecken
oder gar betäuben
Angst soll nicht dein ständiger Begleiter sein.

Er schenke dir jeden Tag ein fröhliches Herz,
ein Lächeln auf deinen Lippen,
ein Lachen, das andere mitreißt und frei macht,
und die Gabe, dich selbst nicht zu ernst zu nehmen
und auch über dich selbst lachen zu können.
In dunklen Stunden sende er dir einen Stern,
der dich leitet;
in Traurigkeit einen Menschen,
der dich tröstet.

Er schenke dir genügend Ruhe und Schlaf,
Herausforderungen sollen auch nicht fehlen,
zündende Ideen und funkelnde Überraschungen
gebe er dir als Zutaten.

Mit seinem Segen sei er dir alle Zeit nahe,
umgebe dich mit seinem Beistand,
auf dass du wachsen und reifen kannst
und deinen Weg findest.

So bewahre dich der Herr, dein Gott,
der dich ins Leben rief und will,
dass du lebst und glücklich bist.

Heinz Pangels

Ich spreche mit den Engeln meiner erwachsenen Kinder: Seid ihr immer noch bei ihnen und habt ihre Wünsche in euren Händen! Wisst ihr etwas von ihrer kampferfüllten Einsamkeit? Und wenn sie nun euch und das Leben überhaupt ablehnen, wendet ihr euch dann ab und grollt ihnen?

Sie brauchen euch, mehr noch als damals, als sie klein waren, sie brauchen euch ganz dringend. Denn die Jugend ist die schwerste Zeit. Alles muss eigenhändig geregelt werden, man muss sich freikämpfen, alles selbst durchdenken und von den Engeln will man nichts wissen.

O ihr Engel meiner erwachsenen Kinder! Eine Mutter darf nicht länger eingreifen – aber ihr dürft. Eine Mutter darf nicht länger Rat geben, aber eure Weisheit kommt von Gott. Bleibt bei meinen erwachsenen Kindern, ihr Engel! Helft ihnen im Gestrüpp zu wandern und den rechten Weg zu finden, ihren Weg!

Aus dem Schwedischen

NACHTGEDANKEN FÜR EIN ERWACHSENES KIND

hab keine Angst vor den Nachrichten
übe die Kraft des Mutes
mit der wir geliebt haben und lieben

mach dir keine Sorgen um das Morgen
sage deine Meinung laut und stark
und lass dir das niemals verbieten

hab keine Furcht vor dem Terror
halte die Hoffnung wach
mit der wir Regenwürmer retteten

laufe keinesfalls der Herde nach
wenn du glaubst sie irrt
wir haben den aufrechten Gang geprobt

schlaf ein mein großes Kind
das Gute das wir schufen ist da

es wird uns behüten

Cornelia Elke Schray

DAS GLÜCK WARTET

Leuchtende Sterne über dir,
Sonnenschein auf deinem Weg,
viele Freunde, die dich lieben,
Freude bei Arbeit und Spiel,
Lachen, das stärker ist als jede Sorge,
in deinem Herzen ein Lied
und Glück, das überall auf dich wartet
– dein ganzes Leben lang.

Aus Irland

SEGEN EINER MUTTER BEIM ABSCHIED

Gottes Freude sei auf deinem Angesicht,
Freude allen, die dich sehen.
Gottes Arm beschütze deinen Nacken.
Die Engel Gottes stehen dir bei.
Die Engel Gottes stehen dir bei.

Bei Tag und Nacht sei dir Freude vergönnt,
Freude an Sonne und Mond,
Freude bei Männern und Frauen.
Wo immer du hingehst, zu Land und zu See.
Wo immer du hingehst, zu Land und zu See.

Glück bringe dir jede Jahreszeit.
Jede Zeit erstrahle von Heiterkeit.
Jede Zeit erglänze von Fröhlichkeit.
Und Friede sei zwischen dem Sohn der Maria und dir.
Und Friede sei zwischen dem Sohn der Maria und dir.

Zuflucht gebe dir der Gott des Lebens.
Zuflucht auch der liebende Christus.
Zuflucht gebe dir der Geist der Gnade.
Wie Freunde mögen sie dir helfen,
Mein Kind,
Du Liebling meines Herzens.

Überlieferter keltischer Segenswunsch

REISESEGEN

Geh deinen Weg, der noch im Dunkeln liegt,
der nur in deinen Träumen lichtdurchflossen.
Geh ihn getrost. Er ist für dich gefügt
aus Tränen, die du irgendwann vergossen,

aus Aufbruch und aus Weitergehen,
aus deinem Lachen, deinem Sehnen, Wagen
und aus Erschrecken auch und Stillestehen,
aus lichten und aus leidgefüllten Tagen.

Geh deinen Weg! Er ist dir längst bereitet
von dem, der dich und sich verband
und deinen Schritt, wo er auch geht, begleitet.
So geh getrost! Du gehst an Gottes Hand.

Er segne dich, dass du sollst Segen sein
für Menschen, die dir unterwegs begegnen.
Er segnet keinen nur für sich allein –
So sei gesegnet denn, um selbst zu segnen.

Wilma Klevinghaus

WEGSEGEN

Gott segne dir den Weg, den du nun gehst.
Gott segne dir das Ziel, für das du lebst.
Sein Segen sei ein Licht um dich her
und innen in deinem Herzen.
Aus deinen Augen strahle sein Licht
wie zwei Kerzen in den Fenstern eines Hauses,
die den Wanderer einladen, Schutz zu suchen
vor der stürmischen Nacht.
Wen immer du triffst,
wenn du über die Straße gehst,
ein freundlicher Blick von ihm möge dich treffen.
Gott schütze dich! Geh in seinem Frieden.

Nach einem alten irischen Reisesegen

In der Mitte des Lebens

Was ist ein gesegnetes Leben? »Mensch bleiben und sein in einer Zeit, in der der Mensch auf einen Kostenfaktor reduziert wird«, so antwortet *Dietrich Grönemeyer*. In der Mitte des Lebens sind wir angefüllt mit Tätigkeiten und Verpflichtungen; in unsere Rollen eingespannt; damit beschäftigt, Erwartungen in Beruf, Partnerschaft und Familie möglichst gut zu erfüllen. Wir sind eingewoben in ein Netz aus Geben und Nehmen. Segen bedeutet eine Unterbrechung. Denn im Segen geht es um etwas, das wir nicht durch unsere Leistung erarbeiten können und das uns auch keines der Güter beschert, für die wir Arbeit und Anstrengung einsetzen müssen. Segen ist eine Gabe, ein Geschenk und eine Zusage, die wir nur hören, glauben und annehmen können.

Jenseits aller erfreulichen materiellen Besitztümer und günstigen Lebensumstände wie Erfolg oder Gesundheit geht es beim Segen um etwas Tieferes: um unsere ursprüngliche Beziehung zum Leben. Segen bedeutet, im eigenen Leben der Stimme Raum zu verschaffen, die uns zuspricht: »Es ist gut, dass es dich gibt. Du bist geliebt, so wie du bist. Dein Leben ist ein Geschenk, und es soll für viele fruchtbar sein.«

Ohne diese Zusage fühlen wir uns von all unseren Aktivitäten überanstrengt und am Ende wie ausgebrannt und leer. Mit dem Echo dieser Zusage dagegen können wir wirbeln und wirken, Berge erklimmen und Bäume ausreißen. Mit dieser Zusage können wir das Leben meistern, selbst wenn die ersten Schicksalsschläge uns treffen. Unser Menschenleben ist zerbrechlich, es ist oft ungeschützt, ausgesetzt und bedroht. Sorgen können einem die Luft abschnüren und Schmerzen den Verstand rauben. Streit und Unversöhnlichkeit können tiefe Wunden in Beziehungen reißen, und nicht alle Risse werden wieder heilen.

Gerade in der Erfahrung schmerzlicher Situationen kann Segen wachsen. Wir werden offen für die Erfahrung, dass die Kunst des Lebens manchmal – und im Tiefsten eigentlich immer – darin besteht, wie es *Hilde Domin* in das wunderbare Bild gefasst hat: dem Wunder leise die Hand hinzuhalten.

MÖGE DER REGEN

Möge der Regen sanft über deine Felder streichen,
die Sonne dein Land wärmen.
Jeder gute Samen, den du säst, soll Frucht tragen,
der Spätsommer findet deine Felder in voller Pracht.
Der Frost schade nie deinen Kartoffeln,
die Blätter deines Kohls sollen frei sein von Würmern,
die Krähen nie deinen Heustoß zerwühlen.
Wenn du eine Eselin erbst, soll sie ein Junges tragen.
Das Glas in deiner Hand sei immer voll,
das Dach über deinem Kopf immer dicht.
Und sei eine halbe Stunde im Himmel,
bevor der Teufel merkt, dass du gestorben bist.

Irischer Segen

GOTT SEGNE DIE ERDE

Gott segne die Erde,
auf der ich jetzt stehe.
Gott segne den Weg,
auf dem ich jetzt gehe.
Gott segne das Ziel,
für das ich jetzt lebe.
Du Ewiger, du immerdar,
segne mich auch, wenn ich raste.
Segne, was mein Wille sucht,
segne, was meine Liebe braucht,
segne, worauf meine Hoffnung ruht.
Du König der Könige,
segne meinen Blick.

Irisches Segensgebet

DER MUT WACHSE

Es wachse in dir der Mut,
dich einzulassen
auf dieses Leben
mit all seinen Widersprüchen,
mit all seiner Unvollkommenheit,
dass du beides vermagst:
kämpfen und geschehen lassen,
ausharren und aufbrechen,
nehmen und entbehren.

Es wachse in dir der Mut,
dich liebevoll wahrzunehmen,
dich einzulassen
auf andere Menschen
und ihnen teilzugeben
an dem, was du bist und hast.

Sei gesegnet, du,
und mit dir die Menschen,
die zu dir gehören,
dass ihr inmitten dieser unbegreiflichen Welt
den Reichtum des Lebens erfahrt.

Antje Sabine Naegeli

In einem fernen Lande lebte einst ein König, den am Ende seiner Tage Schwermut befiel. »Seht«, sagte er, »nun habe ich meinem Leben alles, was nur ein Mensch erleben und mit den Sinnen aufnehmen kann, erfahren, gehört und gesehen. Nur eines habe ich nicht gesehen in meinem Leben: Gott habe ich nicht gesehen. Ihn wünsche ich noch zu sehen.«

Deshalb erließ der König an alle Machthaber, Weisen und Priester den Befehl, ihm Gott zu zeigen. Schwerste Strafen wurden ihnen angedroht, wenn es ihnen nicht gelänge. Der König gewährte eine Frist von drei Tagen.

Trauer kam über die Einwohner des königlichen Palastes, und alle warteten auf ihr bevorstehendes Ende. Genau nach drei Tagen um die Mittagszeit ließ der König sie vor sich rufen. Der Mund der Machthaber, der Weisen und Priester aber blieb stumm. In seinem Zorn war der König schon bereit, das Todesurteil auszusprechen.

Da kam ein Hirte vom Felde, der von des Königs Befehl gehört hatte, und sagte: »Erlaube mir König, deinen Wunsch zu erfüllen!« »Gut«, sagte der König, »aber bedenke, es geht um deinen Kopf.«

Der Hirte führte den König auf einen freien Platz und zeigte ihm die Sonne. »Sieh hin«, sagte er. Der König hob seine Augen und wollte die Sonne sehen. Aber der Glanz blendete ihn, und er senkte den Kopf und schloss die Augen. »Willst du, dass ich erblinde?« sagte er zu dem Hirten. »Aber König, das ist doch nur ein Ding der Schöpfung, ein schwacher Abglanz der Größe Gottes, ein kleines Fünkchen seines flammenden Feuers. Wie willst du mit deinen schwachen, tränenden Augen Gott sehen? Suche ihn mit anderen Augen!«

Der Einfall gefiel dem König. Er sagte zu dem Hirten: »Ich erkenne deinen Geist und sehe die Größe deiner Seele. Antworte mir nun: Was war vor Gott?« Nach einigem Nachdenken sagte der Hirt: »Sei nicht zornig wegen meiner Bitte, aber zähle! ...« Der König begann: »Eins, zwei ...« – »Nein, nein«, unterbrach ihn der Hirt, »nicht so, fange mit dem an, was vor eins kommt.« – »Wie kann ich denn? Vor eins gibt es doch nichts.« – »Sehr weise gesprochen, Herr. Auch vor Gott gibt es nichts.« Diese Antwort gefiel dem König noch besser als die vorhergehende. »Ich werde dich reich beschenken; vorher aber antworte noch auf die dritte Frage: Was macht Gott?« Der Hirte sah, dass des Königs Herz weich geworden war. »Gut«, sagte er, »auch darauf will ich dir antworten. Nur um eines bitte ich dich: Lass uns die Kleider für eine kurze Zeit tauschen.« Und der König legte die Zeichen seiner Königswürde ab, kleidete damit den Hirten, und selbst zog er dessen unscheinbaren Rock an und hängte sich die Hirtentasche um. Und der Hirt setzte sich auf den Thron, nahm das Zepter und zeigte damit auf den an den Stufen des Thrones mit seiner Hirtentasche stehenden König. »Siehst du, das macht Gott! ... Den einen erhebt er auf den Thron, und den anderen lässt er heruntersteigen.« Und der Hirt zog wieder seine eigene Kleidung an.

Der König stand in Gedanken versunken. Das letzte Wort des Hirten brannte auf seiner Seele. Aber plötzlich ermannte er sich, und unter sichtbaren Zeichen der Freude sagte er: »Jetzt sehe ich Gott.«

Leo N. Tolstoi

SPUREN DER LIEBE

Ich wünsche dir,
dass das Leben nicht einfach nur
gleichförmig und stumpf,
in trister Eintönigkeit
an dir vorüberläuft
von einem Tag zum anderen.

Ich wünsche dir,
dass du wachsam bist
für die freundlichen, lichten
und hellen Augenblicke der Freude,
die sich immer wieder
vor dir auftun.

Ich wünsche dir,
dass du im kleinen Glück
Spuren der großen Liebe
wahrnehmen kannst,
die das Weltall
beseelt und durchdringt.

Christa Spilling-Nöker

GEHEIMNIS DES LEBENS

Möge dann und wann
etwas Wunderbares
auf dich warten,
etwas Schönes dich finden,
das dein Herz singen macht.
Mögest du Seite an Seite gehen
mit verlässlichen Gefährten.
Das Brot der Freundschaft
möge niemals ausgehen.
Möge jede Nacht
ihren tröstlichen Stern haben,
der dich vom Himmel her grüßt.
Möge jeder Morgen
dich willkommen heißen
im großen Geheimnis Leben.

Antje Sabine Naegeli

GESEGNET

Gott
uns mutter und vater
bruder und schwester
freundin und freund
segne dich
mit der weite des himmels
und der lebenskraft der erde
mit der klarheit des wassers
und der glut des feuers
mit zärtlichen händen
mit einem hörenden herzen
gott segne dich
damit du ein segen bist
für mensch und tier
blume und wald
himmel und erde

amen
so sei es
so ist es
amen

Katja Süß

SEGEN FÜR EUCH

Möget ihr oft Rückenwind haben
Sonne und Regen im rechten Maß
möge des Winters Kälte
euch eng zusammenrücken ·
der Frühling nicht zu lang auf sich warten lassen
der Sommer euch Wärme bringen
und Wiesen voller Blüten
der Herbst reiche Ernte

Möge diese Erde
euch immer geben, wessen ihr bedürft
und ihr der Erde Segen sein
und einander

In jedem Jahr
das euch gegeben wird
sei Segen mit euch

Carola Vahldiek

WEGSEGEN

Gott segne deinen weg
die sicheren und die tastenden schritte
die einsamen und die begleiteten
die großen und die kleinen

gott segne dich auf deinem weg
mit atem über die nächste biegung hinaus
mit unermüdlicher hoffnung
die vom ziel singt, das sie nicht sieht
mit dem mut, stehenzubleiben
und der kraft, weiterzugehen

gottes segen umhülle dich auf deinem weg
wie ein bergendes zelt
gottes segen nähre dich auf deinem weg
wie das brot und der wein
gottes segen leuchte dir auf deinem weg
wie das feuer in der nacht

geh im segen
und gesegnet bist du segen
wirst du segen
bist ein segen
wohin dich der weg auch führt

Katja Süß

Wenn dich die Ferne lockt
und das Abenteuer unbekannter Länder
in die Fremde aufbrechen lässt,
dann wünsche ich dir,
dass du all das Neue,
dem du unterwegs begegnest,
ganz in dich aufnehmen kannst,
dass es deine Seele weitet
und so zu einem Teil von dir selbst wird.

Bleibe behütet,
dass dir unterwegs kein Unheil geschieht
und keine Krankheit deine Freude lähmt,
damit du, bereichert durch all das Schöne,
das du erleben durftest,
erholt in deinen Alltag zurückkehren kannst.

Christa Spilling-Nöker

RUHEPAUSEN

Ich wünsche dir,
dass du die Zeit der Stille
genießen kannst,
denn auch Stillstand darf sein.
Wenn sich die Natur
im Wachsen und Werden
eine Ruhepause gönnt,
so darfst auch du dir
Zeiten schenken
in denen du nichts arbeiten
und leisten musst.
Nach einer schöpferischen Pause
strömen dir wieder Kräfte zu,
um dein Leben lustvoll
in Angriff zu nehmen.

Christa Spilling-Nöker

ERBARMEN

Herr, wende dich mir zu und hab Erbarmen.
Du bist das Licht der Blinden
und die Kraft der Schwachen.
Du bist das Licht für die Sehenden
und die Stärke der Starken.
Dein sind Tag und Nacht, deine Hand lenkt die Zeiten.
Schenke mir ein wenig Zeit,
damit ich in deine Gesetze eindringe.
Verschließe nicht die Tür vor dem, der anklopft.
Herr, vollende dein Werk an mir
und erschließe mir dein Wort.
Deine Stimme ist mir Freude,
teurer als jedes andere Vergnügen.

Augustinus

SEGNE DIESES HAUS

Gott segne die Welt und was sie erfüllt.
Segne das Haus und die es bewohnen,
segne meine Frau und meine Kinder,
segne meine Augen und meine Hände,
segne mein Aufstehen am Morgen
und mein Niederlegen am Abend des Tages.

Umgib mit Sorge meine Herde,
die Tiere, deren Hüter ich bin.
Wenn die Schafe den Hügel hinan
durch die Wildnis ziehen,
sei du ihnen ein Guter Hirte,
damit ich in Frieden ruhen kann.

Aus Irland

SEGENSWORT, DAS SICH BRAUTLEUTE GEGENSEITIG BEI DER TRAUUNG ZUSPRECHEN

Ich will dich lieben
und dir treu sein mein Leben lang.
Ich traue dir zu,
dass du auch dir selbst
auf unserem gemeinsamen Weg
treu bleiben kannst.
Ich vertraue darauf,
dass meine Nähe
dich dazu bewegt,
immer wieder Neues in dir zu entdecken,
damit du werden kannst, der du bist.

Christa Spilling-Nöker

AUF DEM LEBENSWEG

Erde und Himmel
mögen heute euer sein.
Sonne und Mond
mögen sich verneigen
und die Sterne über allen euren Wegen leuchten.
Tretet ein in die Gemeinschaft
mit allem, was geschaffen wurde,
Luft und Wind,
Wolken und Regen,
Sonnenschein und Schnee
mögen euren Lebensweg begleiten.

Aus Irland

HOCHZEITSSEGEN

Wir preisen dich, Gott,
der du Mann und Frau
zur Liebe füreinander geschaffen.
Dich preisen wir,
Schöpfer der Liebe,
wenn wir die Anmut Liebender sehen.

Wir preisen dich Gott,
der du Mann und Frau
zur Liebe füreinander geschaffen.
Erlöse uns aus
Hass und Gewalttat,
die ungelebter Liebe entspringen.

Wir preisen dich, Gott,
der du Mann und Frau
zur Liebe füreinander geschaffen.
Erweiche die
Harten durch Liebe,
damit wir lernen, menschlich zu leben.

Wir preisen dich, Gott,
der du Frau und Mann
zur Liebe füreinander geschaffen.
Ach, mache die
Traurigen fröhlich
durch Freude, die die Traurigkeit wandelt.

Wir preisen dich, Gott,
der du Frau und Mann
zur Liebe füreinander geschaffen.

Erbarme dich
unserer Ehen,
wenn diese in Gewohnheit verkümmern.

Wir preisen dich, Gott,
der du Frau und Mann
zur Liebe füreinander geschaffen.
Und lasse auch
die, die allein sind,
zur Liebe finden, die sie ersehnen.

Kurt Marti

GESEGNET SEI UNSERE LIEBE

Gesegnet sei der Boden, auf dem unsere Liebe gedeiht.
Gesegnet seien die weitgeknüpften Maschen,
die uns in Freiheit verbinden.
Gesegnet sei die Ruhe in unseren Händen,
wenn sie ineinanderliegen.
Gesegnet sei der Zauber,
der uns in die Träume entführt.
Gesegnet seien die dunklen Stunden,
in denen wir zusammen trauern.
Gesegnet unsere Worte und unser Schweigen.
Gesegnet die Jahre, die unsere Zeiten sind.

Hanna Strack

AUFGERICHTET WERDEN

Du wirst uns segnen
in Momenten der Verunsicherung

Du wirst uns segnen
in beglückenden Stunden voller Lebensfreude

Du wirst uns segnen
in Verzweiflung an Krieg und Folter

Du wirst uns segnen
im Trennungsschmerz

Du wirst uns segnen
im Staunen über die Geburt eines Kindes

Du wirst uns segnen
uns erinnern
wie Dein Wort tröstet
aufrichtet
versöhnt
ermutigt

Pierre Stutz nach Psalm 115, 13.14

GEBORGEN

wenn die Last eines Tages
dir zu schwer erscheint

wenn die Nacht dich bedrängt
mit dunklen Gedanken

wenn der Morgen anbricht
und die Hoffnung weckt:

Gottes Nähe
umhülle dich
wie ein wärmender Mantel

Gottes Zärtlichkeit
heile Dich
wie wohltuende Salbe

Gottes Freude
durchstrahle Dich
wie die aufgehende Sonne

Sei gesegnet!

Katja Süß

SEGEN IN DEN GEZEITEN DES LEBENS

Gott, der Herr,
segne dich in den Gezeiten des Lebens.
Er, der über den Zeiten ruht,
schenke dir Frieden
mitten im Getümmel der Ereignisse,
Gedanken und Gefühle.
Der Gott der Hoffnung
bewahre dich vor Kleinglauben und Feigheit,
vor Bosheit, Zynismus und Gier.
Er zeige dir Wege,
die du gehen kannst,
und Türen, die sich für dich öffnen.
Er mache deine Gedanken zuversichtlich,
weil du weißt,
dass er auf krummen Linien gerade schreibt.
Gott stelle dir Menschen an die Seite,
die dich unterstützen,
und lasse dir Worte und Werte wichtig werden,
die dir und anderen gut tun.
So begleite dich Gott, der Herr,
durch die Gezeiten deiner Tage.
Er zeige dir seine großen Linien
und führe dich an sein Ziel.
Amen.

Reinhard Ellsel

IN DANKBARKEIT BEWAHREN

Mögest du
die reichen Lebenstage
in deinem Herzen
in Dankbarkeit bewahren.
Möge die Gabe der Liebe
von Jahr zu Jahr wachsen,
damit du alle,
die dich umgeben,
mit Freude erfüllst.
Mögest du auch in Stunden des Leids
gewiss sein,
dass Gott dir zulächelt.
Suche seine Nähe.

Aus Irland

Erntesegen

Der Herbst ist die Zeit, die Ernte einzufahren – das gilt auch für die Herbsttage unseres Lebens. Wie in der Farbenpracht des Herbstlaubs darf zum Leuchten kommen, wer ein Mensch in seinem Leben geworden ist.

Diese herbstlichen Gaben sind nicht wegzudenken, in Familien nicht und auch nicht im größeren Zusammenleben. In vielen Familien sind Großeltern unentbehrlich, damit Beruf und Familienalltag der Eltern vereinbar werden. Für Jugendliche sind Großeltern oft eine Anlaufstelle auch dann, wenn der Weg zu den Eltern schwerfällt. Und etliche Gemeinschaften, Gemeinden und Vereine sind nur lebendig aufgrund des ehrenamtlichen oder bürgerschaftlichen Einsatzes von Menschen im »Erntesegen-Alter«.

Der Herbst ist aber auch die Zeit, in der die Äste kahl werden und das Leben sich eine Ruhepause gönnt. So gehören zum Alter auch die Erfahrungen, dass nicht alles, was früher möglich war, noch heute möglich ist, mitsamt den gesundheitlichen Beschwerden, die die Jahre mit sich bringen. Entscheidend, ob der Lebensherbst ein »goldener Oktober« oder ein »trister November« wird, sind nicht allein die äußeren Umstände, sondern ist vor allem die innere Zurüstung. Der Schweizer Autor *Pierre Stutz* schreibt über den Segen des Alters: »Wenn deine Schritte langsamer werden und dein Atem ins Stocken gerät, wenn dein Gedächtnis dich im Stich lässt und deine Lebenskräfte schwinden, dann wünsche ich dir Momente der Erinnerung, die dich dankbar werden lassen für all das, was dir gelungen ist in deinem Leben.« Dankbarkeit heißt das Geheimnis der Erinnerung. Dem englischen Staatsmann und Philosophen *Francis Bacon* wird der Satz zugeschrieben: »Nicht die *Glücklichen* sind dankbar. Es sind die Dankbaren, die glücklich sind.«

Vieles haben Menschen nicht selbst in der Hand – was vergangen ist, lässt sich durch alles Grübeln und Bedenken nicht ändern. In der eigenen Hand liegt allerdings, ob jemand auf das Leben verbittert und unversöhnt zurückschaut oder mit einem versöhnten und dankbaren Blick. Manchmal sind es gerade Ereignisse, die bei ihrem Eintreten bitter, schmerzhaft, schwer zu ertragen sind – die aber in der Rückschau des Lebens als Wendepunkte dastehen, die einen Wandel angestoßen und in Gang gesetzt haben, auf den wir nicht verzichten möchten.

So kehrt sich im Alter die Richtung des Segens um: Am Anfang jedes Menschenlebens spricht das Leben selbst sein Ja zu uns, im Herbst des Lebens ist es unser Ja zum Leben, das Segen bedeutet.

AM ENDE DES WEGES

Wie du am Anfang warst,
als meine Wege begannen,
so sei du auch wieder
am Ende meines Weges.

Wie du bei mir warst,
als sich meine Seele formte,
sei du, Gott, auch
für meinen Weg das Ziel.

Sei bei mir zu aller Zeit,
ob ich liege oder stehe,
sei bei mir im Schlaf,
mit denen, die mir lieb.

Aus Irland

FÜR KOSTBARE UND GLÜCKLICHE STUNDEN ...

Ich wünsche dir einen Regenbogen
nach Regenschauern an einem Sonnentag.
Ich wünsche dir Meile für Meile
irischen Lächelns
für kostbare und glückliche Stunden.
Ich wünsche dir Kleeblätter an deinem Torweg,
ebenso Frohsinn und Glück.
Ich wünsche dir eine nie endende Schar von Freunden
für jeden Tag,
dein ganzes Leben lang.

Aus Irland

IRISCHER LEBENSSEGEN

Der Herr sei vor dir,
um dir den rechten Weg zu zeigen.

Der Herr sei neben dir,
um dich in die Arme zu schließen,
um dich zu schützen vor Gefahren.

Der Herr sei hinter dir,
um dich zu bewahren vor der Heimtücke des Bösen.

Der Herr sei unter dir,
um dich aufzufangen, wenn du fällst.

Der Herr sei mit dir,
um dich zu trösten, wenn du traurig bist.

Der Herr sei um dich herum,
um dich zu verteidigen,
wenn andere über dich herfallen.

Der Herr sei über dir,
um dich zu segnen.

Irischer Segenswunsch

NOCH EINEN SOMMER

Noch einen Sommer
schenk mir Zeit
Ich will mich
hinabwurzeln
ins dunkle Erdbett
vom tiefen Brunnen
zu trinken

Noch einen Sommer
schenk mir Zeit
Ich will das Licht
sehen
und aufragen
bis die Betondecke
springt

Noch einen Sommer
hab Geduld
ein wenig noch
Ich werde mich Dir
von meinen Zweigen weg
in Deine goldne Schale
pflücken.
So segne mich denn.

Ulrike Wolitz

VOLLER SANFTMUT

Mögen deine Lippen voller Sanftmut sein,
lieblich und lau wie ein Abend im Sommer,
der langsam ins Laub der Bergeschen sinkt.

Möge in deinen Augen Freundlichkeit leuchten,
hell und warm wie die Sonne,
die aus Nebeln steigt und die ruhige See wärmt.

Möge rein sich spiegeln der Grund deines Herzens,
quirlend und klar wie der Quell des heiligen Brendan,
in dem die Taube ihr Bild schaut.

Möge jede deiner Taten der Weisheit erwachsen,
so wie der Weizen eines gesegneten Jahres sprießt,
sattgelb und hoch, ohne Wurm, ohne Wühlmaus.

Aus Irland

Es war ein Augusttag samt Rosen und Phloxduft, als ich mit meiner Lieblingstante Poldi im Garten saß, eine frische rote Grütze löffelte und wir aus heiterem Himmel auf den Tod zu sprechen kamen. Je älter man würde, meinte Poldi, umso leichter müsste eigentlich das Sterben sein, da ja immer mehr Leute, die man gekannt habe, schon auf einen warteten.

In meinen Augen war Poldi damals eine alte Frau, fünfzig vielleicht, ich dagegen sprühte vor Jugend und hielt ihre Worte für reine Provokation. »Wenn man dich reden hört«, sagte ich, »das klingt, als hättest du nie Angst.«

»Wovor denn auch? Bei so vielen Schutzengeln um mich?« Jedem Menschen, meinte sie, würde bei seiner Geburt eine ganze Schar Schutzengel an die Seite gestellt. Sie gehe von zehn aus.

»Zehn?«, rief ich. »Jetzt übertreibst du aber!«

Sie zwinkerte mir zu. »Ich? Nein, im Ernst, ich habe es berechnet.« Und dann erklärte sie mir, da es ja schließlich mehr Tote als Lebende gäbe und die meisten Verstorbenen bekanntermaßen zu Engeln würden, hätten wir eben einen Engelüberschuss.

Eine bestechende Poldi-Logik, die ich ihr natürlich nicht abkaufte. Außerdem wusste man bei ihr nie genau, ob sie etwas wirklich meinte oder einen nur auf den Arm nahm. Aber eben dafür liebte ich sie, dass sie ernsthaft über die absurdesten Sachen diskutieren konnte. Und so stritten wir noch ein Weilchen über die Anzahl der Schutzengel, die jeder um sich hätte. Wir einigten uns schließlich auf vier, die verlässlich bei einem bleiben.

Inzwischen ist Tante Poldi verstorben und ich selbst habe die Fünfzig überschritten. Und ich muss ehrlich sagen: je älter ich werde, umso einleuchtender werden mir ihre Argumente, was die Engel betrifft. So viele gefährliche Situationen, wie ich bereits heil überstanden habe, da muss auf jeden Fall Teamarbeit im Spiel sein.

Ob es allerdings vier sind, vermag ich nicht zu sagen. Vielleicht sind es auch nur drei. Oder zwei. Einer an jeder Seite. Aber ich bin ziemlich sicher, dass einer davon Poldi heißt.

Doris Bewernitz

SEGNE MICH

Segne mich
und hilf mir, dankbar zu sein
für den Engel, den ich nicht sah,
aber spürte.

Segne mich
und nimm mich leicht
ich möchte nur ein wenig
mit den Engeln fliegen.

Segne mich
und wickle ein mein Leben
in ein weiches Tuch
aus Liebe.

Segne mich
und lass mich
nicht allein.

Cornelia Elke Schray

FRÜCHTE DER ZUVERSICHT

Wenn der Herbst Einkehr hält
und bunte Blätter auf die Wege wehen,
dann naht sich leise Abschied
von vergangenen heiteren Tagen:
die Zeit der Sommerfeste ist vorüber,
die Tage werden wieder kürzer
und treiben die Gedanken hin zur
Frage, was der Sinn des Lebens ist.

Wenn alle Freude, aller Frohsinn
letztlich abstirbt und einfach nur
in tausend Richtungen davon weht,
was bleibt dann von der Mühe,
von der Kraft, die man in guten Tagen
in das Leben eingebracht hat,
bisweilen unter Opfern, um irgendwann
sich an der Ernte zu erfreuen?

Auf diese Frage kann nur eine
Antwort Geltung finden:
Kein Tun, kein Wirken ist vergeblich,
die Saat von Liebe und Vertrauen,
von Hoffnung und von Zuversicht
trägt viele reife Früchte
und keimt im neuen Frühjahr dort,
wo niemand es zu ahnen wagt.

Christa Spilling-Nöker

ICH WÜNSCHE DIR

Ich wünsche dir
dass der Hauch eines Engels
deine müden Schultern streift
und dein Leben erleichtert

Ich wünsche dir
dass die Kraft der Erde
deine schweren Gedanken heilt
und deine Schritte erhellt und trägt

Ich wünsche dir
dass der Gesang des Meeres
dich wie eine Muschel sein lässt
die der Perle in ihrem Inneren vertraut

Ich wünsche dir
ein Regenbogenlicht
dich schuf der Himmel – er vergisst dich nicht

Cornelia Elke Schray

IN STUNDEN DER EINSAMKEIT

Guter Gott,
du Freund der Menschen,
bleibe bei mir in den Zeiten
meiner Verlassenheit.
Segne du die Stunden
der Einsamkeit,
dass ich nicht bitter werde
in meinem Kummer und ungerecht,
sondern dass sich in der Stille
die gebundenen Kräfte
wieder neu entfesseln
und mich aufstehen lassen,
wenn die Zeit reif dazu ist.

Christa Spilling-Nöker

GEBET EINES ALTEN MANNES

Herr, gib mir noch ein wenig länger Kraft,
bis ich dein mitfühlendes Gesicht erkennen kann.
Ich gehe bergab,
nur wenige Tage der Freude liegen noch vor mir.
Lass mich den Mut nicht verlieren,
bevor mein Lebenslauf endet.
Es ist spät, die Nacht ist nah.
Du bist alles, was ich habe.
Sei mein Schutz, wenn es zu Ende geht,
du, meines Herzens größte Liebe.

Aus Irland

SEGEN IM ALTER

Der über Nacht und Licht gebietet
in Sternenzeit und Erdentagen,
Du, unser Herr, hast uns behütet
und durch die Fluten uns getragen.
Du wirst der Zukunft auch gebieten.
Du wirst uns segnen und behüten.

Als wir durch dunkle Schluchten eilten,
da sahen wir ein fernes Licht,
und als die Nebel sich zerteilten,
erkannten wir Dein Angesicht.
Nun ziehn wir unterm Reisesegen.
Schon strahlt Dein Antlitz uns entgegen.

Ja, Herr, die Zeit hat uns getrieben
hinauf, hinab, durch Glück und Trauer.
Du aber bist uns treu geblieben.
Dein Segen gibt uns Ziel und Dauer.
Längst ist das Ende ja entschieden:
Es kommt Dein Reich. Es kommt Dein Frieden.

Klaus-Peter Hertzsch

DANKBAR

Wenn deine Schritte langsamer werden
und dein Atem ins Stocken gerät
wenn dein Gedächtnis dich im Stich lässt
und deine Lebenskräfte schwinden

Dann wünsche ich dir Momente der Erinnerung
die dich dankbar werden lassen
für all das
was dir gelungen ist in deinem Leben

Die Gabe der Geduld wünsche ich dir
deine Zerbrechlichkeit annehmen zu können
um in deinen durchkreuzten Hoffnungen
die Nähe zu Gott vertiefen zu können

So wirst du mitfühlend bleiben können
und im Annehmen deiner Grenzen
weiterhin zum Segen werden für viele

Pierre Stutz

FRIEDEN KOMME ÜBER DICH

Du in deiner Angst,
ausgeliefert dem Ungewissen,
dem zähen Dahinschleichen
der Minuten,
Friede komme
über dein unruhiges Herz,
dass du Kraft hast,
den geliebten Menschen
mit Gedanken des Vertrauens
zu umgeben
in den Stunden der Gefahr.

Antje Sabine Naegeli

DU BIST EIN SEGEN

Möge sich der Himmel
vor dem verneigen, was du bisher in
deinem Leben
erreicht, geschaffen und
an Gutem bewirkt hast.
Du durftest so vielen Menschen
zum Segen werden
und bist damit selbst
in deinem ganzen Sein
ein Geschenk Gottes,
ein himmlischer Stern
für diese Welt.

Christa Spilling-Nöker

SEGEN FÜR DEN RUHESTAND

Gott segne dich,
deinen Abschied und Neubeginn
Gott segne und erfülle deine freie Zeit,
die du so lange ersehnt hast
Er erhalte ihr deine Zuneigung
wie auch deinem besten Freund,
dass du von beiden nie zuviel bekommst
Gott segne deine Erfahrung,
auf dass sie auch in Zukunft anderen hilft
ihren Weg zu finden im Dickicht der Möglichkeiten
Gott segne deine Liebe
zu Menschen, Dingen und dem Leben selbst
auf dass sie vollständig zur Entfaltung komme
Gott segne dich
auf deinem Weg zu deinem wahren Selbst
der zugleich der Weg ist
zum Geliebten

Kirsten Andrä

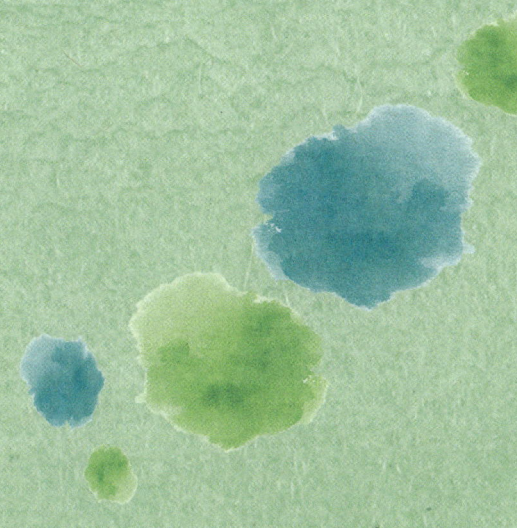

ZUSAGE

Darfst dich fallen lassen,
in Vaterhände, Mutterhände,
die halten ohne festzuhalten,
wenn du deine Wege gehst,
wenn du mit Freundeshänden
anpackst, einreißst, aufbaust,
dich verschenkst an Liebeshände,
die dir wohl tun, weh tun, wohl tun.

Darfst leben, handeln, bauen,
darfst vertrauen
auf die vielen Menschenhände,
die alten, jungen, starken, schwachen,
darfst nehmen, geben, weinen, lachen.

Darfst dich fallen lassen,
in Gotteshände,
die dich tragen, führen, trösten
die auf dich warten
und dir später mal
die Augen schließen
wenn du alt bist,
lebenssatt
und dir
Heimat schenken
Frieden geben.

Frieden geben.

Frank Fischer

TROST

in bedürftiger zeit
ahnen dass etwas zu ende geht

endgültiges
geht über sich hinaus

veränderungen ängstigen
prophezeiungen verwirren

der boden unter den füßen
hört auf zu tragen

mittenhinein
sprichst du gott
dein heilendes, tröstendes wort

nimmst unsere fragen ernst
und gibst unserer verwirrung raum

du hörst unsere klagen an
und weichst unserer not nicht aus

du birgst unsere zweifel
in deinem stärkenden zutrauen

du hilfst uns stehen
zu uns selbst und zu dir

du schenkst uns ansehen
und ermutigst zur begegnung

du sagst dein ich-bin-da
in unsere hungrigen herzen hinein

ganz innen
von dir geliebt
wachsen uns kraft und freiheit zu.

Almut Haneberg

Das Zeitliche segnen

Alle Menschen sind auf einer Pilgerreise nach Hause. In einem alten keltischen Segenswort heißt es:

> Möge jeder heilige Mann im Himmel,
> möge jede heilige Frau im Himmel,
> möge jeder Engel im Himmel
> dir die Arme entgegenstrecken,
> dir den Weg ebnen,
> wenn du dich aufmachst
> über den verborgenen Fluss,
> wenn du der Heimat zustrebst
> über den verborgenen Fluss.

Fast allen Menschen erscheint der Tod, solange sie leben, wie eine ferne Wirklichkeit, die nur das Leben »der anderen« berührt – aber die Wahrheit ist, dass wir alle sterblich sind. Keiner wird »abwesend« sein können, wenn der Engel des Todes an die Lebenstür klopft. Alte Zeiten kannten eine *ars moriendi*, eine »Kunst des Sterbens«, deren Sinn darin bestand, sich in den Abschied von der Welt einzuüben, das eigene Haus zu bestellen und das »Zeitliche zu segnen«.

Mit diesem eigenartigen Ausdruck war gemeint, beim Abschied aus der Welt die Seinen zu segnen, ganz wie es die Bibel von den Erzvätern und –müttern erzählt, die ihre Kinder und Kindeskinder um sich versammelt haben. Wer das »Zeitliche segnet«, bittet mit der Selbstlosigkeit dessen, der bereits auf dem Weg in die Ewigkeit ist, den Himmel um den Segen für das Zeitliche, das er verlässt.

Eine ganz ähnliche Tradition gibt es auch im Buddhismus. Zur Sterbebegleitung gehört eine Meditation, die die Güte für alle Wesen anruft:

> Möge es den Wesen hier in diesem Raum,
> den Sichtbaren und den nicht Sichtbaren,
> wohl ergehen, mögen sie glücklich sein.
> Frei von Zorn oder Hass, frei von Rachsucht
> oder Feindschaft, frei von Kummer und Sorgen.
> Mögen sie frei sein und in Frieden leben.

Die Einübung in den Abschied und eine Haltung der Güte und Dankbarkeit ist eine lebenslange Aufgabe. Jeder Sonnenuntergang und jeder Abendhimmel spricht vom Vergehen jedes Augenblicks und ruft die Dankbarkeit auf, ihn erlebt zu haben. Das »Zeitliche segnen« bedeutet, so zu leben, dass das eigene Dasein für die, die zurückbleiben, Segen hinterlässt. Für Christen liegt darin auch die Hoffnung, dass nicht der Tod das Letzte ist, in das hinein wir fallen, sondern dass der »verborgene Fluss« uns zu dem Urgrund führt, aus dem wir kommen und zu dem wir heimkehren, wie es in einem alten keltischen Gebet heißt:

> Wie Du vorher warst im Anfang meines Lebens,
> sei Du auch wieder am Ende meiner Reise.

GOTTES GELEIT

Es segne dich
Gott der Vater,
der dich nach seinem Bild geschaffen hat.

Es segne dich
Gott der Sohn,
der dich durch Leiden und Sterben erlöst hat.

Es segne dich
Gott der Heilige Geist,
der dich zum Leben berufen
und dich geheiligt hat.

Gott geleite dich durch das Dunkel des Todes
und gebe dir Frieden
und ewiges Leben.

Segensgebet über Sterbende aus dem 8. Jahrhundert

STEH MIR BEI

Christus, bewahre mich,
Christus, beschütze mich,
Christus, nimm mich auf in deine Wohnstatt.
Christus, gib mir Kraft,
Christus, heilige mich,
Christus, rette mich vor der ewigen Verdammnis.
Im Leben, im Tod, steh du mir bei.
Und segne mich.
Das hoffe ich.

Irisches Sterbegebet aus dem 9. Jahrhundert

INS LEBEN

Anbetung, Ehre, Dank und Ruhm,
sei unserem Gott im Heiligtum,
der Tag für Tag uns segnet;
dem Gott, der Lasten auf uns legt,
doch uns mit unsern Lasten trägt
und uns mit Huld begegnet:
Sollt ihm, dem Herrn der Herrlichkeit,
dem Gott vollkommner Seligkeit,
nicht Ruhm und Ehr gebühren?
Er kann, er will, er wird in Not,
vom Tode selbst und durch den Tod
uns zu dem Leben führen.

Matthias Jorissen (nach Psalm 68, 20–21)

DAS ZEITLICHE SEGNEN

Es gibt ein schönes und wichtiges Wort,
das unsere Voreltern gebrauchten,
wenn sie ein gutes Abschiednehmen meinten.
Sie sagten: Er oder sie „segnet das Zeitliche".
Der Sinn dieses Wortes ist uns verlorengegangen
mit viel anderem, das kostbar gewesen ist.
Segen ist die Kraft, die Fruchtbarkeit bewirkt,
Wachstum und Gedeihen.
Segnen heißt das Leben fördern und bejahen.
So segnet der Abschiednehmende
sein vergehendes Leben.
Er segnet das Zeitliche und alles,
was er geliebt hat.
Er schaut alles noch einmal dankbar
und freundlich an.
Er wendet seine abnehmenden Kräfte
den Zurückbleibenden zu
und gibt ihnen seine Liebe mit
auf ihren weiteren Wegen.
Er gönnt ihnen ihre weitere Zeit.
Er wünscht ihnen Glück.
Er vertraut sie der Güte Gottes an.
So schließt er sein Leben in Liebe ab.
Und wird dabei zuletzt noch das Schönste,
das er werden kann:
ein Mensch, von dem Segen ausgeht.

Jörg Zink

GEGEN DAS DUNKEL

Gesegnet die Widersprüche
gegen das Dunkel
in der Welt:
Da ist der Kummer,
aber da ist auch der Trost.
Da ist die Angst,
aber da ist auch der Mut.
Da ist das Grau,
aber da sind auch die Farben.
Da ist das Welken,
aber da ist auch das Blühen.
Da ist das Scheitern,
aber da ist auch das Gelingen.
Da ist die Düsternis,
aber da ist auch das Licht.

Antje Sabine Naegeli

TRAUERSEGEN

Es segne dich
der die Trauernden tröstet
und ihnen das Land der Ewigkeit
in seinen Händen zeigt

Es behüte dich
der die Weinenden umarmt
und ihnen ein weiches Bett
für hoffnungsleere Nächte bereitet

Es lasse sein Gesicht leuchten über dir
der die Verzweifelten trägt
und für sie Himmelswege findet
wo Erdenstraßen enden

Es sei dir gnädig
der da ist und sein wird
vom Anfang bis ans Ende

Amen

Cornelia Elke Schray

DU WIRST GETRÖSTET SEIN

Es kommt ein neuer Tag,
da wirst du getröstet sein,
und ein Pfad wird sich auftun
in bewohnbarem Land.

Es kommt ein neuer Tag,
da wirst du Wein haben und Brot.
Die Dunkelnacht wird weichen.
Licht wird wohnen in deinem Haus.

Es kommt ein neuer Tag,
da wird Raum sein,
in dem du atmen kannst.
Der Mut wird sich aufrichten,
und du wirst Schritte ins Leben tun.

Ich erwarte das Gute für dich.
Nicht, weil ich zu trösten vermag,
nicht, weil ich leicht reden habe,
nicht, weil ich die bin, die „es weiß",
sondern weil du kostbar
und der Hoffnung wert bist.

Antje Sabine Naegeli

In ihrem Kummer ging eine Frau, deren Sohn gestorben war, zu einem heiligen Mann und fragte ihn: „Wie kann ich meinen Sohn wieder zum Leben erwecken?" Er antwortete ihr: »Bring mir einen Senfsamen aus einem Hause, das niemals Leid kennengelernt hat!« Die Frau begab sich auf die Suche nach dem Zauber-Senfkorn. Auf ihrem Weg kam sie bald an ein prächtiges Haus, klopfte an die Tür und sagte: »Ich suche ein Haus, das niemals Leid erfahren hat. Ist dieses der richtige Ort?« Die Bewohner des Hauses antworteten ihr: »Da bist du an den falschen Ort gekommen«, und sie zählten all das Unglück auf, das sich jüngst bei ihnen ereignet hatte. Die Frau dachte bei sich: »Wer kann diesen armen unglücklichen Menschen wohl besser helfen als ich, die ich selber so tief im Unglück bin?« Sie blieb und tröstete sie. Später, als sie meinte, genug Trost gespendet zu haben, brach sie wieder auf und suchte aufs Neue ein Haus ohne Leid. Aber wo immer sie sich hinwandte, in Hütten, in Palästen, überall begegnete ihr das Leid. Schließlich beschäftigte sie sich ausschließlich mit dem Leid anderer Leute. Dabei vergaß sie ganz die Suche nach dem Zauber-Senfkorn, ohne dass ihr das bewusst wurde. So verbannte sie mit der Zeit den Schmerz aus ihrem Leben.

Chinesische Legende

SEGEN IN SCHWERER ZEIT

Gott, der dich wahrnimmt,
lasse zu deiner Erfahrung werden,
was er dir zugesagt hat:
Bei dir zu sein
in Angst und Unsicherheit,
zu dir zu stehen
in Ausweglosigkeit und Verlassenheit,
dich zu trösten,
wenn du bekümmert bist,
deine Bedürftigkeit
zu Herzen nehmen,
was immer auf dir lastet.

ER schenke dir,
was du dir selbst
nicht geben kannst:
Wachsendes Vertrauen
mitten in den Widersprüchen
dieses Lebens.

Antje Sabine Naegeli

QUELLE DES LEBENS

Deine Krise wird dich zum Grunde führen
zur Quelle des Lebens

Lass deine Tränen fließen
schrei mit deiner ganzen Lebenskraft

Einzigartig bist du
anerkannt in deinem Scheitern

Traue deinem Rhythmus
folge deinen Traumbildern
nimm dir Zeit
so viel du brauchst

So wirst du zum Segen werden
weil sich in dir
neues befreiteres Leben anbahnt
er-löst von Einengung und Angst

Nimm dich an
mit deinen Grenzen und Begabungen
Sein Segen sei dir
trotz aller Verunsicherung
all-täglich neu geschenkt

Pierre Stutz

EIN FREUND AN DEINER SEITE

Ich wünsche dir,
dass einer neben dir geht,
den die Dunkelheit nicht schreckt.

Kein Leben ohne finstere Ecken
und düstere Winkel,
kein Weg ohne dunkle Strecken
und trübes Licht.

Ich wünsche dir
einen Freund an der Seite,
der dich stärkt und stützt
und in dir die Zuversicht wach hält
auf das kommende Licht.

Tina Willms

MEIN WUNSCH

Nicht, dass vor jedem Leid
verschont du mögest bleiben,
noch dass dein künft'ger Weg
stets Rosen für dich trage
und keine bitt're Träne
über deine Wangen komme
und niemals du den Schmerz erfahren sollst.
Dies alles, nein, das wünsche ich dir nicht.

Denn kann das Herz
in Tränen nicht geläutert,
kann's nicht im Leid geadelt werden –
wenn nämlich Schmerz
und Not dich aufnimmt
in die Gemeinschaft mit Maria und dem Kind,
sodass ihr Lächeln Zuversicht und Trost gewährt?

Mein Wunsch für dich ist vielmehr dieser:
Mögest dankbar du und allezeit
bewahren nur in deinem Herzen
die kostbare Erinnerung der guten Dinge
in deinem Leben.

Dass mutig stehest du
zu deiner Prüfung,
wenn schwer das Kreuz
auf deinen Schultern liegt
und wenn der Gipfel,
den es zu ersteigen gilt,
schier unerreichbar scheint,
ja, selbst das Licht der Hoffnung
zu entschwinden droht.

Dass jede Gottesgabe in dir wachse
und mit den Jahren sie dir helfe,
die Herzen jener froh zu machen,
die du liebst.

Dass immer einen wahren Freund du hast,
der Freundschaft wert,
der dir Vertrauen gibt,
wenn's dir an Licht gebricht und Kraft,
dass du dank ihm
den Stürmen standhältst
und so die Höhen doch erreichst,
und dass in Freud und Leid
das Lächeln voller Huld
des Mensch geword'nen Gottessohnes mit dir sei
und du allzeit so innig ihm verbunden,
wie er's für dich ersehnt.

Aus Irland

DAS LEBEN WAGEN

Ich wünsche dir,
dass du beweinen kannst,
was du entbehrt
und verloren hast,
ohne in der Trauer
Wurzeln zu schlagen.

Ich wünsche dir,
dass du Zorn fühlen kannst
auf das, was Menschen
dir angetan haben,
ohne im Unversöhnlichen
zu erstarren.

Heilender Friede
wachse dir zu,
dass Vergangenes
dich nicht mehr quäle
und böse Erinnerung
dir nicht mehr
zur Fessel werde.

Zuversicht ziehe ein,
wo die Ohnmacht haust,
dass du aufstehst,
dein Leben zu wagen.

Antje Sabine Naegeli

GESEGNET

Gestillt die Ruhelosen
sie sollen Frieden finden

Gehalten die Traurigen
sie sollen Licht erahnen

Geborgen die Ängstlichen
sie sollen nach Hause finden

Getröstet die Weinenden
sie sollen Land sehen

Gestärkt die Schwachen
sie sollen Flügel spüren

Getragen die Gebrochenen
sie sollen Heil empfangen

Gesegnet die Menschen
sie werden aus Liebe sein

Cornelia Elke Schray

Ob wir es »Gebet« oder »Meditation« nennen: Am Morgen, am Abend eines Tages innezuhalten und still zu werden ist ein Weg, bewusst auf den Segen zu hören. In sich den Raum zu schaffen, in dem die Stimme hörbar wird: »Es ist gut, dass es dich gibt. Dein Leben soll gesegnet sein.« Es kann durchaus anstrengend sein, die vielen äußeren und inneren Stimmen, die über uns hereinbrechen oder die durch unsere Gedanken schwirren, für eine kurze Zeit freundlich, aber bestimmt zurückzudrängen und zum Schweigen zu bringen. Vor allem die Stimmen, die Erwartungen an uns formulieren oder Enttäuschungen zum Ausdruck bringen und uns infrage stellen. Und es kann gar nicht so leicht sein, der Stimme zu vertrauen, die gut von uns spricht und uns segnet. Und doch ist es lebenswichtig.

Deshalb ist es gut, sich diese Auszeit am Morgen und am Abend anzugewöhnen. Manchmal ist es hilfreich, sie wie ein kleines Ritual zu gestalten: einen festen Ort zu wählen, eine Kerze anzuzünden, zur Ruhe zu kommen, den Segen zu sprechen. Die Zeit, die wir uns selbst gönnen, nehmen wir keinem anderen weg, im Gegenteil! Wer sein Herz dem Segen öffnet, wird offen für ein Ja zum Leben, in dem sich auch andere geborgen und willkommen fühlen können.

Eine *jüdische Legende* erzählt: Sara, die Frau Abrahams, zog sich an jedem Vorabend des Schabbat zurück, steckte die Schabbat-Kerzen an und sprach das Segenswort dazu (wie jede jüdische Frau). Aber die Kerzen, die Sara für den Schabbat entzünde-

te, brannten auf wundersame Weise eine ganze Woche lang bis zum nächsten Freitagabend, und ihr Schein begrüßte die Gäste freundlich, die in Abrahams und Saras Zelt kamen. Als später ihr Sohn Isaak auf Brautschau ging, entdeckte er, dass eine Frau namens Rebekka über dieselbe Fähigkeit verfügte: Nachdem sie den Segen über die Schabbat-Kerzen gesprochen hatte, brannten diese nicht einen Tag, sondern eine ganze Woche lang. Da erkannte der junge Mann, dass Rebekka dieselbe Herzensgüte ausstrahlte wie seine Mutter und nahm sie zur Frau. Sich zurückziehen, ein Licht entzünden, den Segen sprechen: In der jüdischen Legende von Sara und Rebekka schafft das den Raum des Segens, in dem andere Menschen sich wohl und willkommen fühlen.

Für jeden mag ein anderes Ritual diesen Raum bereiten. Auch wenn tausend Dinge auf mich einströmen wollen, trete ich am Beginn und am Ende eines Tages ins Freie, atme einige Atemzüge lang sehr bewusst ein und aus und lasse das Licht des neuen Tags oder des Nachthimmels auf mich wirken. Nicht immer, aber von Zeit zu Zeit wird es in mir so still, dass ich meine, die Stimme hören zu können, die zu mir spricht: »Es ist gut, dass es dich gibt. Dein Leben soll gesegnet sein.«

IRISCHER MORGENSEGEN

Möge der gütige Christus,
der uns befreit hat aus dem Dunkel der Nacht,
der uns zurückgebracht hat ins freundliche Tageslicht,
uns umgeben und schützen.

Möge der Gott aller Geschöpfe
uns wie ihnen im Übermaß geben.

Möge Gott, unserer Seelen Heiler,
uns beistehen am Abend, am Morgen, am Mittag
und uns bewahren auch auf rauen Wegen.

Altirisch-keltische Überlieferung

MORGENSEGEN

Mit Segen lass mich heut aufstehn,
Herr Gott, in deinem Schutze gehen
und reiten, wohinaus mein Weg sich kehre.
Herr Christ, durch mich gib an den Tag,
was deiner Güte Kraft vermag,
und steh mir bei zu deiner Mutter Ehre.

Wie ihr der Engel half, der gute,
und dir, der in der Krippe ruhte,
jung als Mensch, als Gott so alt;
demütig vor dem Esel und dem Rinde
und doch mit himmlisch treuen Sorgen
hielt dich Gabriel geborgen.
Ganz in Reue ohne Spott,
so schütz auch mich,
dass man nicht falsch mich finde
noch lässig gegen dein Gebot.

Walther von der Vogelweide

DEIN SEGEN FÜLLT UNS DIESEN TAG

Ich öffne meine Augen
und suche das Licht des Morgens.
Vertraute Dinge umgeben mich,
die meinen Alltag bewohnen.
Die Schatten des Schlafes verblassen.
Ich öffne die Augen
und rufe deinen Namen aus
über den kommenden Tag.

Ich wasche die Hände
und begrüße den Morgen.
Das Wasser weckt mich auf.
Die Trägheit des Schlafes weicht
den Aufgaben, die meinen Tag bestimmen.
Ich rufe deinen Namen an,
um ihn wiederzuerkennen
in den Gesichtern derer,
die mir heute begegnen.

Ich bete zu dir, Gott,
heute und jeden Morgen.
Unser Leben ist für dich ein offenes Buch,
wir schreiben es erst
Tag für Tag.
Dein Segen füllt diesen Tag.

Ulrich Sander

DEN TAG DURCHWANDERN

Das Licht des Himmels
lasse dich den Tag
behütet durchwandern,
vom ersten Schein der Morgenröte
bis zum Anbruch der Nacht.
Die Freude möge dein
Begleiter sein
und Lebenslust Nahrung
auf deinem Weg.
Möge dir Freundliches
entgegenkommen,
das dich stärkt
und deine Sinne belebt.
Mögest du glücklich sein,
wenn die Sonne den Sternen
ihren Raum freigibt –
und danken können
für den gelungenen Tag.

Christa Spilling-Nöker

IRISCHER ABENDSEGEN

Möge deine heiligen Engel, o Christus,
unseren Schlaf, unsere Ruhe,
unser schimmerndes Lager bewachen.
Mögen sie uns in unserem Schlummer
wahre Traumbilder zeigen.
Weder Dämonen noch Unheil,
weder Verderben noch böse Träume
mögen unsere Ruhe,
unseren tiefen, festen Schlaf stören.
Heilig möge unser Erwachen sein,
unsere Arbeit und unser Tagwerk
wie unser Schlaf und unsere Rast
ohne Störung und ohne Unterlass.

Altirisch-keltische Überlieferung

GETRAGEN

Hinter den Wolken
der lächelnde Himmel,
er will dir
seinen Segen sanft
in deine Kümmernisse
hauchen,
damit du leise
etwas ahnen kannst
von der Macht
göttlichen Seins,
das dich behutsam
durch die Nacht
tragen wird.

Christa Spilling-Nöker

ABENDSEGEN

Mögen wir uns diese Nacht
mit dir zum Schlaf niederlegen, o Gott.
Möge Gott sich mit uns schlafen legen.
Möge der Sohn, der uns an diesem Tag sicher führte,
uns diese Nacht sicher geleiten.
Möge der Sohn, der uns erlöste,
uns in seine Obhut nehmen.

Aus Irland

DU MÖGEST GESEGNET SEIN

Möge der Segen der nächtlichen Stille
mir geschenkt sein.
Möge der Segen des Mondlichtes
mir geschenkt sein.
Möge der Segen der Weite des Himmels
mir geschenkt sein –
um meine Seele im Schlaf zu erfrischen,
meine nächtlichen Träume zu erleuchten,
bis die Engel des Lichtes mich aufwecken
und die Morgenengel mich
in den Tag rufen.

Aus Irland

TEXTNACHWEISE:

Vorwort und Einleitungstexte zu den Kapiteln:
Ulrich Sander © beim Autor.

S. 12: **Dietrich Bonhoeffer**: Brief an Eberhard und Renate Bethge,
Juni 1944.
S. 13: **Jörg Zink**: aus: ders., Das offene Gastmahl, S. 235,
Gütersloh: Gütersloher Verlagshaus 2013, © Jörg Zink Erben.
S. 14f.: **Doris Bewernitz**: © bei der Autorin.
S. 16: **Katja Süß**: © bei der Autorin.
S. 17: **Carola Vahldiek**: © bei der Autorin, www.lichtgedicht.de.
S. 18: **Rainer Haak**: aus: ders., Fröhlich bin ich aufgewacht,
© Verlag am Eschbach 2017.
S. 19: **Cornelia Elke Schray**: aus: dies., Manchmal tut ein Engel
gut, © Verlag am Eschbach 2017.
S. 19: **Fabian Brand**: aus: ders., Mit allem Segen des Himmels,
© Verlag am Eschbach 2017.
S. 20: **Christa Spilling-Nöker**: aus: dies., Ein Korb voller Glück,
© Verlag am Eschbach 2015.
S. 27: **Pierre Stutz**: aus: Gesegnetes Leben. Segensworte für
den Tag, das Jahr und den Weg des Lebens, hrsg. von
Martin Schmeisser, © 5. Aufl. Verlag am Eschbach 2004.
S. 29: **Lilly Ronchetti**: © bei der Autorin.
S. 29: **Eva-Maria Leiber**: © bei der Autorin.
S. 30: **Maria Sassin**: © bei der Autorin.
S. 31: **Cornelia Elke Schray**: © bei der Autorin.
S. 32: **Hanna Strack**: © bei der Autorin.
S. 33: **Pierre Stutz**: © beim Autor, www.pierrestutz.ch.
S. 33: **Maria Sassin**: © bei der Autorin.
S. 38: **Christa Spilling-Nöker**: aus: Gesegneter Weg.
Segenstexte und Segensgesten, hrsg. von Martin Schmeisser,
© Verlag am Eschbach 1997.
S. 39: **Wilma Klevinghaus**: © bei der Autorin.
S. 40: **Gundela Leenen**: © bei der Autorin.
S. 41: **Christa Spilling-Nöker**: © Verlag am Eschbach.
S. 42: **Carola Moosbach**: Kindersegen 1, in: Himmelsspuren.
Gebete durch Jahr und Tag, Carola Moosbach, Neukirchen-
Vluyn 2001, S. 42 © bei der Autorin.

S. 44f.: **Lothar Zenetti**: aus: ders., Auf Seiner Spur.
Texte gläubiger Zuversicht © Matthias Grünewald Verlag
der Schwabenverlag AG, Ostfildern 2011.
www.verlagsgruppe-patmos.de.

S. 50: **Brigitte Enzner-Probst**: © bei der Autorin.

S. 52f.: **Heinz Pangels**: © Getrud Pangels.

S. 55: **Cornelia Elke Schray**: © bei der Autorin.

S. 58: **Wilma Klevinghaus**: © bei der Autorin.

S. 65: **Antje Sabine Naegeli**: aus: dies., Ich spanne die Flügel
des Vertrauens aus. Eine Wegbegleitung, © Verlag am
Eschbach 2017.

S. 68: **Christa Spilling-Nöker**: aus., dies.: Ein Korb voller Glück,
© Verlag am Eschbach 2015.

S. 69: **Antje Sabine Naegeli**: aus: dies., Vergiss nicht, es gibt ja
das Licht. Ermutigungen, © Verlag am Eschbach 2010.

S. 70: **Katja Süß**: © bei der Autorin.

S. 71: **Carola Vahldiek**: © bei der Autorin, www.lichtgedicht.de.

S. 72: **Katja Süß**: © bei der Autorin.

S. 73: **Christa Spilling-Nöker**: aus: Gesegnetes Leben.
Segensworte für den Tag, das Jahr und den Weg des Lebens,
hrsg. von Martin Schmeisser, © 5. Aufl. Verlag am Eschbach
2004.

S. 74: **Christa Spilling-Nöker**: aus: dies., Vom Segen der
Winter- und Weihnachtszeit, © Verlag am Eschbach 2013.

S. 77: **Christa Spilling-Nöker**: aus: Gesegnetes Leben.
Segensworte für den Tag, das Jahr und den Weg des Lebens,
hrsg. von Martin Schmeisser, © 5. Aufl. Verlag am Eschbach
2004.

S. 78f.: **Kurt Marti**: Kirchenlied für Trauungen © Kurt Marti-
Stiftung, Bern.

S. 79: **Hanna Strack**: © bei der Autorin.

S. 80: **Pierre Stutz**: © beim Autor, www.pierrestutz.ch.

S. 81: **Katja Süß**: © bei der Autorin.

S. 82: **Reinhard Ellsel**: © beim Autor.

S. 90: **Ulrike Wollitz**: © bei der Autorin.

S. 92f.: **Doris Bewernitz**: © bei der Autorin.

S. 94: **Cornelia Elke Schray**: aus: dies., Manchmal tut ein Engel gut, © Verlag am Eschbach 2017.

S. 95: **Christa Spilling-Nöker**: aus: dies., Bunte Herbstfarben wünsch ich dir. Segenswünsche, © Verlag am Eschbach 2014.

S. 96: **Cornelia Elke Schray**: aus: dies., Heute pflücke ich ein Licht. Dem Tag vertrauen, © Verlag am Eschbach 2016.

S. 97: **Christa Spilling-Nöker**: aus: Gesegneter Weg. Segenstexte und Segensgesten, hrsg. von Martin Schmeisser, © Verlag am Eschbach 1997.

S. 98: **Klaus-Peter Hertzsch**: © beim Autor.

S. 99: **Pierre Stutz**: aus: Gesegneter Weg. Segenstexte und Segensgesten, hrsg. von Martin Schmeisser, © Verlag am Eschbach 1997.

S. 100: **Antje Sabine Naegeli**: aus: Gesegneter Weg. Segenstexte und Segensgesten, hrsg. von Martin Schmeisser, © Verlag am Eschbach 1997.

S. 100: **Christa Spilling-Nöker**: aus: dies., Ein Korb voller Glück © Verlag am Eschbach 2015.

S. 101: **Kirsten Andrä**: © KIRSA.

S. 102: **Frank Fischer**: © beim Autor.

S. 103: **Almut Haneberg**: © bei der Autorin.

S. 110: **Jörg Zink**: aus: ders., Die Stille der Zeit, S. 112f, Gütersloh: Gütersloher Verlagshaus 2012, © Jörg Zink Erben.

S. 111: **Antje Sabine Naegeli**: aus: dies., Vergiss nicht, es gibt ja das Licht, © Verlag am Eschbach 2010.

S. 112: **Cornelia Elke Schray**: aus: dies., Ich komme wieder, flüstert das Licht. Trost für dunkle Stunden, © Verlag am Eschbach 2016.

S. 113: **Antje Sabine Naegeli**: aus: dies., Vergiss nicht, es gibt ja das Licht, © Verlag am Eschbach 2010.

S. 115: **Antje Sabine Naegeli**: aus: Gesegneter Weg. Segenstexte und Segensgesten, hrsg. von Martin Schmeisser, © Verlag am Eschbach 1997.

S. 116: **Pierre Stutz**: aus Gesegneter Weg. Segenstexte und Segensgesten, hrsg. von Martin Schmeisser, © Verlag am Eschbach 1997.

Gestaltet mit Fotos von:
shutterstock/IHERPHOTO2 (Umschlag), shutterstock/Luca Fabbian (S. 6/7), iStock/
aniszewski (S. 22/23), shutterstock/Mirelaro (S. 34/35), shutterstock/Nick Fox
(S. 46/47), shutterstock/Evgeni Fabisuk (S. 60/61), shutterstock/Patryk Kosmider
(S. 84/85), iStock/Wiltser (S. 104/105), shutterstock/Dawid K Photography (S. 122/123).

Gestaltet mit Grafiken von:
shutterstock: Yudina Anna, Elly Spalah, gluiki, Sayan Puangkham, Kathie Nichols, Le
Panda, Syrytsyna Tetiana, art4all, maljuk. iStock: linaflerova, Pobytov.

Verlagsgruppe Patmos in der Schwabenverlag AG, Ostfildern
Im Alten Rathaus/Hauptstraße 37
D-79427 Eschbach/Markgräflerland

www.verlag-am-eschbach.de
kundenservice@verlag-am-eschbach.de

Gesamtgestaltung: Angelika Kraut, Verlag am Eschbach
Redaktion: Kathrin Clausing, Verlag am Eschbach
Kalligrafie: Ulli Wunsch, Wehr
Druck: Graspo CZ a.s., Zlín
Hergestellt in Tschechien
ISBN 978-3-98700-158-1

Gedruckt auf Nautilus classic – ein 100 Prozent recyceltes Papier aus 100 Prozent
Altpapier – ausgezeichnet mit dem blauen Umweltengel, EU Ecolabel und FSC®-
zertifiziert. Näheres zur Nachhaltigkeitsstrategie der Verlagsgruppe Patmos
auf unserer Website www.verlagsgruppe-patmos.de/nachhaltig-gut-leben

Dieser Baum steht für Erhaltung unserer natürlichen
Lebensgrundlagen, umweltschonende Ressourcenverwendung
und nachhaltige Herstellung.
Individuell und mit Liebe gemacht.